ABRÉGÉ

DE

GRAMMAIRE FRANÇAISE.

GRAMMAIRE GÉNÉRALE.

ABRÉGÉ

DE

GRAMMAIRE FRANÇAISE,

Par Mr B. J. (Bernard Jullien)

PRIX : 3 FR.

DIEPPE,

MADAME VEUVE MARAIS, LIBRAIRE, GRANDE-RUE, N° 41.

1832.

AVERTISSEMENT.

Tout ce qui est imprimé en petit texte, à l'exception des listes et des tableaux, pourra être laissé de côté à une première lecture ; quant aux notes, elles ne sont, pour la plupart, à moins qu'elles ne renvoient à un ouvrage cité dans le texte, destinées qu'aux professeurs.

DELEVOYE-BARRIER, IMPRIMEUR.

ABRÉGÉ

DE

GRAMMAIRE FRANÇAISE.

STICHIOLOGIE.

Des diverses parties dont se compose l'étude d'une langue, la plus importante et en même temps la plus élémentaire, est celle qui n'a pour but que d'enseigner ce qui est nécessaire pour comprendre les autres et s'en faire entendre; on pourrait la nommer *Stichiologie* (1), c'est-à-dire science des éléments.

Elle suppose évidemment 1° la connaissance des lettres et de leur prononciation, et par conséquent la lecture, l'écriture et l'orthographe absolue; c'est ce que je nomme la *Grammatologie* (2); 2° la connaissance des désinences des mots selon l'espèce à laquelle ils appartiennent; c'est ce que je désigne sous le nom de *Ptoséologie* (3); l'étude des mots dans leurs familles et en tant que plusieurs se rattachent à une même origine; c'est là l'étymologie (4); 4° l'étude des règles d'après lesquelles les mots doivent se ranger et se construire pour former des phrases correctes; c'est l'objet de la *Phraséologie* (5).

Celui qui, d'une langue quelconque, connaîtra ces quatre parties, ne sera jamais embarrassé ni pour parler, ni pour écrire; son style pourra n'être ni agréable, ni harmonieux, mais au moins il sera correct, et l'élève possédera le *nécessaire*.

C'est pour mettre les jeunes gens en état d'acquérir ce *nécessaire* le mieux et le plus vîte possible, que j'ai rédigé cet ouvrage qui sera divisé en quatre livres sous les titres que je viens d'indiquer.

(1) STOICHEIA : éléments.
(2) GRAMMATA : lettres.
(3) PRÓSIS : cas, chute, désinence.
(4) ETYMOS : vrai, véritable.
(5) PHRASIS : phrase, élocution.

LIVRE I.

GRAMMATOLOGIE OU DES MOTS DANS LEURS ÉLÉMENTS SYLLABIQUES.

DE LA PRONONCIATION EN GÉNÉRAL.

La prononciation d'une langue comprend un grand nombre d'éléments : 1° le son des lettres ; 2° leur durée ; 3° l'accent tonique ; 4° l'accent du discours ; 5° l'intonation musicale de la phrase ; 6° le timbre de la voix.

Sur ces diverses parties, il y en a qui échappent tout-à-fait à l'analyse et à la notation écrite ; tel est par exemple le timbre de la voix, qui dépend entièrement de l'organe de celui qui parle, et qu'on ne peut pas changer à volonté, ou au gré d'un signe écrit sur le papier.

Il en est de même en grande partie de l'intonation de la phrase et de l'accent du discours : la première dépend entièrement de l'habitude de prononciation particulière à chaque langue, le second de la manière dont chaque homme est affecté en parlant ; la voix en effet varie selon que l'on est au commencement, au milieu ou à la fin d'une phrase, selon qu'on interroge ou qu'on affirme, etc.

Nous représentons ces variations par la ponctuation dont nous allons parler d'abord : nous traiterons ensuite le plus brièvement possible de l'accent tonique, de la durée des syllabes et du son absolu des lettres.

CHAPITRE I.

DE LA PONCTUATION.

La ponctuation consiste à connaître et employer à propos les signes qui marquent les divisions ou la fin des phrases, et la manière actuelle dont nous considérons telle ou telle proposition.

Ces signes sont contenus dans la liste suivante :

LISTE DES SIGNES DE PONCTUATION.

. . Le *point* indique que le sens est tout-à-fait terminé. Ex. *J'ai fini mon devoir.*

? ? Le *point d'interrogation* exprime que l'on demande quelque chose. Ex. *Que demandez-vous ?*

! ! Le *point d'exclamation* indique que la phrase est le produit d'un élan de l'âme : *O ma patrie ! ô ma mère !*

, , La *virgule* marque que le sens n'est pas fini, mais seulement divisé. *Cette montagne est si haute, si escarpée, si aride, qu'on n'a pas le courage,* etc.

: : Les *deux points* indiquent que le sens d'une portion de la phrase est complet, mais se rattache cependant au reste du discours. Ex. *Voilà ce que vous disiez alors : êtes-vous encore dans les mêmes sentiments ?*

; ; Le *point et virgule* ou *point-virgule* a la même valeur que les *deux points* ; ces deux signes s'emploient alternativement, sans autre raison déterminante que le désir de la variété. Ex. *Voilà ce que vous disiez alors ; êtes-vous toujours dans les mêmes sentiments* (1) ?

( ) ( ) Les *crochets* ou la *parenthèse* signifient que l'on jette dans la phrase un mot ou une pensée intermédiaire qui explique le reste,

____

(1) Devant un discours, on emploie toujours les deux points : *l'accusé répondit : messieurs,* etc.

mais sans en altérer la construction. Ex. *Enfin on aperçut (chose bien singulière) l'ombre d'un homme contre le mur.*

« » " „ Les *guillemets* indiquent une citation, soit qu'on la prenne dans un livre, soit qu'on rapporte le discours d'un autre. Ex. *Zulmis accourt : « Que te faut-il encore, etc. »* Quand la citation est courte, on l'écrit en italiques, ou on la souligne dans l'écriture.

— Le *tiret* sépare ordinairement les phrases de deux ou plusieurs interlocuteurs : *Est-ce tout ? — Pas tout-à-fait. — Et quoi encore ?* — Le tiret s'ert aussi pour passer d'une idée à une autre, du sens propre au figuré, etc., comme on le fait dans les dictionnaires.

— Le *trait-d'union* ou *petit tiret* indique une telle liaison entre deux ou plusieurs mots, qu'ils n'en font plus pour ainsi dire qu'un seul. Ex. *guet-apens, boute-feu, boute-en-train,* etc.

...... Les *points suspensifs* indiquent une interruption dans le discours.

Je devrais sur l'autel où ta main sacrifie
Te..... Mais du prix qu'on m'offre, etc.

L'abus des points suspensifs est un grand défaut dans le discours où il jette beaucoup d'obscurité.

CHAPITRE II.

ACCENT TONIQUE ET QUANTITÉ.

Il y a dans chaque mot une syllabe sur laquelle on appuie plus que sur les autres : on dit qu'elle est *accentuée*, ou que c'est sur elle que tombe *l'accent tonique*.

Rien n'est plus simple chez nous que la théorie de *l'accent* : il tombe toujours sur la dernière syllabe sonore du mot : ainsi dans *enlever, soutenir, épouvantablement*, les syllabes *ver, nir, ment*, sont plus fortement marquées que les autres.

J'ai dit la dernière syllabe sonore, car si l'*e* terminant un mot ne formait qu'une syllabe muette, comme dans *rade*, alors il n'aurait pas de son, et ne pourrait recevoir aucun accent : l'accent tonique recule donc sur la syllabe précédente, qui devient ainsi la dernière sonore, quoiqu'elle soit la pénultième du mot.

La quantité est à proprement parler la mesure de la durée des syllabes : les sons peuvent en effet être soutenus plus ou moins long-temps : de là est née la distinction des syllabes brèves et longues, c'est-à-dire qui se prononcent vite ou lentement.

Chez nous toutes les syllabes sont brèves, excepté quelques pénultièmes accentuées, c. a. d. les dernières syllabes sonores, suivies de l'*e* muet dans les cas suivans :

1° Lorsque la dernière syllabe sonore porte l'accent circonflexe : Ex. *pâte, tête, gîte, côte, flûte* (1).

2° Lorsque la consonne intermédiaire est une sifflante faible, *v, z, j* : Ex. *brave, arrose, prestige* (2), ou la liquide *r*; *austère*. Dans ce dernier cas il n'est pas même besoin qu'il y ait un *e* après l'*r*; *Gibraltar* prononcez comme s'il y avait *Gibraltare*; et par conséquent *r*, quand il se prononce, rend toujours longue la voix accentuée qui le précède.

3° La pénultième accentuée est encore longue quand elle est

(1) Le nom d'accent circonflexe est bien mauvais, bien insignifiant.
(2) Nous verrons ci-dessous que le *g* devant *e* se prononce *j*.

suivie d'une double consonne dont la première est une muette faible, *b*, *d*, *g*, et la seconde une liquide *l* ou *r; humble, aigle, sombre, tendre, tigré,* etc.

Cette différence de durée est au reste si peu de chose qu'elle n'influe aucunement sur la mesure des vers, et n'est qu'à peine sensible à la rime.

CHAPITRE III.

SON ABSOLU DES LETTRES.

A. *Voix, articulations et syllabes.*

Tout son produit par l'organe vocal, en une seule émission de voix, prend le nom de *syllabe.*

La *syllabe* qui paraît au premier coup d'œil simple et indécomposable est pourtant formée de deux parties, la *voix* et l'*articulation.* On entend par *voix*, l'air vocal devenu pleinement sonore, pleinement appréciable à l'oreille, et susceptible d'être soutenu dans toute sa plénitude pendant un temps plus ou moins long. Ex. *a, o, é,* etc.

L'*articulation* consiste dans le mouvement des organes qui s'opposent d'abord à l'émission de l'air vocal, et lui ouvrent ensuite passage au gré de notre volonté. Cette explosion instantanée et éteinte au moment même où elle vient de se former, est précisément l'articulation; c'est *b* dans *ba*, *d* dans *da,* etc. Elle commence et par conséquent sépare toutes les syllabes, et a toujours besoin pour exister matériellement de s'appuyer sur la voix suivante, ou au moins sur l'air vocal.

Les élémens les plus simples de la parole humaine sont donc les *voix* et les *articulations;* les voix quoique toutes formées dans le gosier se modifient selon le mouvement des organes qui les différencient. Quant aux articulations elles sont formées par le jeu de ces mêmes organes, les lèvres, les dents, la langue, le palais, etc., et c'est ce que signifient les mots *labiales, palatales, nasales, dentales,* que nous verrons appliqués aux différentes lettres.

Maintenant tous les sons de la langue française doivent être accusés franchement et nettement, sans hésitation, aspiration ni embarras. Alors si nous laissons de côté les nuances énoncées ci-dessus, nous trouverons en français quinze voix sonores et une muette (1), trois enclitiques, une *apostrophe,* et dix-huit articulations.

Voici le tableau des unes et des autres.

____

(1) Lorsque l'air vocal s'échappe du gosier sans vibration du larynx, il ne produit absolument aucun son; ce n'est pas alors une *voix*, ou c'est une voix moins le son : mais comme il est cependant de la même nature que les voix, je l'ai nommé une *voix muette.*

VOIX.

MOBILES.			FIXES.	
Labiales.	Palatales.	Nasales.	Pleines.	Enclitiques.
a	â	an	i	y
è	é	ein	u	u
o	ô	on	ou	w
eu	êu	eun	e	,

ARTICULATIONS.

MOBILES.					FIXES.
Muettes.		Sifflantes.		Nasales.	
Faibles.	Fortes.	Faibles.	Fortes.		
b	p	v	f	m	ill
d	t	z	s	n	l
g	k	j	ch	gn	r

Tels sont absolument et sans exception les sons qu'admet la langue française : je vais en fixer exactement la prononciation par des exemples; je demande instamment que l'on veuille bien attacher rigoureusement aux mots le sens que je leur donnerai, et que l'on se rappelle bien mes définitions, parce que c'est sur elles que reposera tout ce que j'ai à dire.

Ci-dessous la liste des voix et des articulations expliquées et déterminées par des exemples.

LISTE DES VOIX ET ARTICULATIONS FRANÇAISES.

(a) *Voix mobiles*, ainsi nommées parce qu'on reconnaît facilement que les trois voix de la même ligne horizontale *a, â, an* par exemple, ne sont qu'une modification du même son élémentaire : ces trois modifications, que je désigne sous les noms de *labiales, palatales, nasales*, se retrouvent dans chacun des quatre sons élémentaires *a, è, o, eu*.

1° *Voix labiales* ou *ouvertes ;* on les entend dans les mots *achat, excès, sonore, neuf (a, è, o, eu.)*

2° *Voix palatales* ou *fermées ;* on les trouve dans les mots *repas, café, ho ! jeu (â, é, ô, éu). — Les palatales* obscurcissent donc un peu la voix labiale ; la bouche se ferme légèrement pour les prononcer ; à cause de cela, *ouvrir une voix* ou *une voyelle*, signifiera, dorénavant, passer de la voix *palatale* ou *nasale* à la voix *labiale* correspondante, comme quand de *sot (só)*, on fait le féminin *sotte (so-te)*, ou de *chrétien (iein)* on forme *chrétienne (iène)*. Réciproquement, *fermer la voyelle* voudra dire passer de la voix *labiale* à la *palatale*, comme quand d'*œuf* et *bœuf* nous disons au pluriel œufs et bœufs, *(eú, beú)*.

3° Les *nasales* (le nom l'indique) font passer par le nez une partie de l'air sonore ; on les entend dans les mots *plan, rien, bon, jeun (an, ein, on, eun)*.

(b). *Voix fixes.* Les voix fixes ne sont pas susceptibles d'éprouver dans leur prononciation les modifications que nous avons reconnues dans nos mobiles. Leur son reste toujours le même, on l'entend à la fin des mots *cri, reçu, chou, faible.* Cette dernière voix que nous appelons *e* muet n'a absolument aucun son ; ce n'est qu'un souffle sur lequel s'appuie l'articulation précédente. Du reste comme toutes les autres voix il peut être soutenu pendant plus ou moins long-temps , et peut former syllabe à lui seul.

(c) *Voix enclitiques* ou *semi-voyelles*. Ce ne sont pas à proprement parler des voix , mais seulement ce que l'oreille saisit entre une fixe et la voix suivante. Ainsi, dans *il cria*, nous ne prononçons pas *cri-a*, mais *cri-ya:* cette liaison entre l'*i* et l'*a* est précisément la *semi-voyelle*. — Les *semi-voyelles* ne se marquent pas ordinairement en français; chaque voyelle fixe supposant toujours sa semi-voyelle devant une autre voix : *il lia, il tua, il loua.* Il faut cependant les marquer quand la première voix est une *mobile*, car celles-ci ne portent pas de semi-voyelle; mais, dans ce cas, la langue française n'admet pas d'autre semi-voyelle que l'*y* que l'on écrit en effet comme dans *Cayenne, Blaye, grasseyer, oyez* (du verbe *ouïr*.) — Partout ailleurs, et après une articulation, les semi-voyelles se représentent par la voyelle correspondante *pied, fuir, fouet;* il faut cependant excepter la semi-voyelle *w (ou)* devant *a*, qui s'exprime par *oi*. — J'ai fait de l'apostrophe la semi-voyelle de l'*e* muet; c'est ce que devient l'*e* muet devant une autre voix : *l'arbre* pour *le arbre; facile à dire,* pr. *facil' à dire.*

(d) *Articulations mobiles.* Il y a peu de chose à dire sur nos articulations tant elles sont régulières; on les distingue d'abord d'après l'organe qui les forme en *labiales*, ou formées par le mouvement des lèvres; *dentales* et *palatales*, ou formées par l'application de la langue contre les dents ou le palais; *nasales*, ou formées par l'immission dans le nez d'une partie de l'air vocal.

1° *Articulations labiales;* on les entend à la fin des mots cra*b*e, pa*p*e, sali*v*e, tou*ff*é.

2° *Articulations dentales;* elles sont à la fin des mots auba*d*e, pâ*t*e, trei*z*e, cra*ss*e.

3° *Articulations palatales;* à la fin des mots prodi*gu*e, publi*qu*e, pourrai-*j*e, revê*ch*e.

4° *Nasales;* à la fin des mots crê*m*e, â*n*e, di*gn*e. — Il est clair que la première nasale *m* est une labiale, la seconde *n* une dentale, la troisième *gn* une palatale, et qu'elles peuvent ainsi rentrer dans les trois premières séries.

Les articulations *b* , *d*, *g* , *v*, *z*, *j* sont nommées *faibles*, et *p*, *t*, *k*, *f*, *s*, *ch* sont appelées *fortes;* ces noms viennent évidemment de la différence d'intensité du son.

Les articulations *b*, *d*, *g*, *p*, *t*, *k* sont nommées *muettes* , parce que l'explosion qu'elles indiquent est instantanée; au contraire les artic. *v*, *z*, *j*, *f*, *s*, *ch* s'appellent sifflantes, parce qu'elles font précéder leur explosion définitive par une légère émission d'air vocal qui produit un petit sifflement. Ex. *sa, za;* pr. *s....a, z....a,* comme *ch....ut* (1).

(e) Les articulations fixes, c. a. d. dont plusieurs n'appartiennent pas au même organe, sont *ll* (2), comme à la fin de fami*ll*e; *l*, comme à la fin de fidè*l*e; *r*, comme à la fin de ba*rr*e.

B. *Écriture.*

L'écriture est l'art de représenter par des signes convenus les sons de la voix humaine. Ces signes s'appellent *lettres;* les lettres qui représentent les *voix* s'appellent *voyelles;* celles qui représentent les articulations se nomment *consonnes* (3); la réunion des unes

(1) C'est à Beauzée que je dois la distinction des *muettes* et des *sifflantes.*

(2) Le son *ll*, que nous appelons aussi *mouillé fort* pour le distinguer du *mouillé faible* représenté par *y*, se prononce à peu près comme le *gli* des Italiens; aussi *Feraud* représente-t-il sa prononciation par cette réunion de lettres (*gli*). Beauzée prétend que ce son est entièrement identique à celui de *l* suivi de l'*y*. Qu'ainsi *il tailla* se prononcerait exactement comme un *tas lia* (voy. ENCYCLOP. mot *mouillé.*) J'étais autrefois de cet avis ; l'opinion de nos meilleurs grammairiens et une observation plus attentive m'en ont fait changer.

(3) Cette définition vraie en général n'est pourtant pas rigoureusement exacte : car d'une part nous employons toujours une consonne pour écrire nos voix nasales *an, ein, on, un;* d'une autre part il y a des articulations que nous ne pouvons représenter qu'à l'aide d'une voyelle, comme *gue, que,* etc. ; enfin nous sommes souvent obligés de prendre deux ou trois voyelles pour une seule voix, deux consonnes pour une seule articulation comme dans *ou, eu, eau, gn, ch.*

et des autres, placées dans l'ordre voulu par l'usage, forme l'alphabet de chaque langue.

L'alphabet français se compose de vingt-cinq lettres, ainsi qu'il suit :

ALPHABET FRANÇAIS.

Ordre des lettres.	Figuré des lettres.		Nom des lettres.	Qualité des lettres.
	Romaine.	Italique.		
1	A, a	*A, a*	â	voyelle.
2	B, b	*B, b*	bé	consonne.
3	C, c	*C, c*	cé	id.
4	D, d	*D, d*	dé	id.
5	E, e	*E, e*	é	voyelle.
6	F, f	*F, f*	effe	consonne.
7	G, g	*G, g*	gé	id.
8	H, h (1).	*H, h*	hache	id.
9	I, i	*I, i*	i	voyelle.
10	J, j	*J, j*	ji	consonne.
11	K, k	*K, k*	kâ	id.
12	L, l	*L, l*	elle	id.
13	M, m	*M, m*	emme	id.
14	N, n	*N, n*	enne	id.
15	O, o	*O, o*	ô	voyelle.
16	P, p	*P, p*	pé	consonne.
17	Q, q	*Q, q*	cu	id.
18	R, r	*R, r*	erre	id.
19	S, s	*S, s*	esse	id.
20	T, t	*T, t*	té	id.
21	U, u	*U, u*	u	voyelle.
22	V, v	*V, v*	vé	consonne.
23	X, x	*X, x*	ikse	id.
24	Y, y	*Y, y*	i grec	voyelle.
25	Z, z	*Z, z*	zède	consonne.

Nous avons donc six voyelles, *a, e, i, o, u, y ;* dix-huit consonnes simples *b, c, d, f, g, h, j, k, l, m, n, p, q, r, s, t, v, z,* et une consonne double *x,* ainsi nommée parce qu'elle représente à la fois *ks,* ou *gz.*

Si maintenant le discours ne se composait que de sons, *l'écriture régulière* et *correcte* ou *l'orthographe* se bornerait à la connaissance du petit nombre de signes classés ci-dessus. Mais il n'en est pas ainsi ; les mots ne portent pas seulement avec eux leur sens fondamental, ils indiquent aussi des rapports soit avec le reste de la phrase, soit avec les mots dont ils sont tirés. De là sont nées des lois qu'il n'est pas permis de violer, et qui jettent dans l'orthographe une irrégularité quelquefois réelle, plus souvent apparente, dont les principes trouveront naturellement leur place dans les der- :

(1) L'*h* n'est pas à proprement parler une articulation ; comme *h* muette elle n'est qu'un signe orthographique absolument sans valeur dans la prononciation ; comme *h* nommée improprement *aspirée,* elle n'indique qu'un *hiatus,* c'est-à-dire que la consonne précédente ne se fait aucunement sentir sur la voyelle qui suit l'*h.* Ainsi *grand héros,* pr. *gran - héros* et non *gran-téros,* comme on dit *gran-tenfant ;* du reste il n'y a rien là qui ressemble à une aspiration.

niers livrés de cet ouvrage, et aussi dans le paragraphe suivant où il me reste à parler de la lecture.

C. *Lecture.*

La lecture est l'art de prononcer les paroles ou les phrases écrites; elle suppose la connaissance de tous les signes ci-dessus expliqués, et l'application instantanée de leur valeur aux sons de la voix.

Les difficultés de la lecture se compliquent des irrégularités de l'orthographe; cependant la prononciation est soumise dans toutes les langues, et particulièrement en français, à des règles que je vais exposer brièvement sous les titres de *voyelles* et de *consonnes.*

I. *Des voyelles.* Les voyelles mobiles sont pour ainsi dire les seules dont nons ayons à nous occuper, les fixes ayant un son invariable qui ne peut plus être modifié que par l'accent tonique ou la quantité dont j'ai parlé ci-dessus, ou par le ton et le timbre de la voix dont il ne peut être question ici (1).

(a) Au commencement et au milieu des mots nos voyelles mobiles sont toujours ouvertes, excepté *eu.* Ex. *abatis, élémens, odomètre;* mais *euphonie,* pr. *eúphonie.* — *á* et *ó* affectés de l'accent circonflexe se prononcent fermés, *âme, hôte,* prononcez comme cela est écrit, et non par les voix labiales comme *trame, hotte.* — Devant le *z* ou *s* doux prononcé ou non, *a, o, eu* se ferment : Ex. *bas* et *base,* pr. *bá* et *báse : dispos, pose, mielleux, mielleuse,* pr. *ó, óze, eú, eúze.* — *Eu* se ferme encore devant le *j* ou *g* sifflant, *Maubeuge.* Devant le *t* muet à la fin des mots; *o* et *eu* se ferment, *sot, peut* (pr. *só, peú*); mais si le *t* devient sonore l'*o* se rouvre quoique *eu* reste fermé, *sotte, meute,* pr. *meúte.*

(b) A la fin des mots *a* reste ouvert, *agenda, Galba; é* avec l'accent aigu est tout-à-fait fermé, *bonté, café; o* et *eu* se ferment aussi, *zéro, neveu,* pr. *zéró, neveú.*

(c) Quelques-unes de nos voix simples se représentent par des voyelles associées; mais celles-ci ne changent plus guère de son, quelque part qu'on les place. Ainsi *oi* vaut *oua,* et jamais *ouá* ni *oué.* — *Ai, ei* valent *è* ouvert; cependant *ai* se ferme à la fin des futurs et des prétérits : *j'irai, j'allai,* pr. *j'iré, j'allé.* — *Au, eau* valent *o* fermé, *étau, berceau,* pr. *etó, bersó* (2).

(d) Toutes nos voyelles, quelles qu'elles soient, s'ouvrent devant l'*r* prononcé; *aurore,* pr. *orore; érèbe,* pron. *érèbe.* Cette règle est sans exception.

(e) Les nasales, à quelque place qu'elles soient, au commencement, au milieu ou à la fin des mots, n'éprouvent pas d'inflexion : ainsi, *ondin, bondir, canon,* les lettres *on* se prononcent toujours de même; mais les voix nasales peuvent souvent s'écrire de bien des manières. — *An* s'écrit par *an, am, en, em; en* vaut *an* toutes les fois qu'il ne termine pas le mot; *endormir, prendre, prudent;* pr. *andormir, prandre, prudant,* excepté *je viendrai,*

---

(1) Pour éviter toute équivoque quand je voudrai peindre la prononciation, je représenterai les voix comme dans mon tableau : savoir les voix labiales sans accent, excepté l'*e* qui recevra l'accent grave ou incliné de gauche à droite (*è*), et les voix palatales avec l'accent circonflexe (*ʌ*) *á, ó, eú,* excepté l'*é* qui recevra l'accent aigu ou incliné de droite à gauche (*é*).

(2) De cette habitude que nous avons de contracter deux voyelles en une quand une mobile est suivie d'une fixe, est venue la nécessité d'un signe qui indiquât la séparation des voyelles qu'on ne devrait pas prononcer en une seule voix : ce signe est le *tréma* (‥), *Saül, haïr, Moïse,* pr. *Sa-ul, ha-ir, Mo-ise,* et non *sol, her, monaze;* on s'en sert encore dans la syllabe *guë* de *exiguë,* pour la distinguer du *gue* de *prodigue.*

je tiendrai, et leurs composés où il se prononce *ein*. Au contraire à la fin des mots *en* se prononce *ein; chien, agen, examen;* excepté *Rouen, Caen* et *en* substantif et préposition où il se prononce *an.* — *Ein* s'écrit encore *ain, ayn, en, eyn, in, yn.* — *Eun* s'écrit plus communément *un.*

(f) Les nasales placées devant un mot commençant par une voyelle font entendre sur celle-ci le son de leur consonne sans changer toutefois leur son propre; *maison agréable*, pr. *maison nagréable.* Mais si la voyelle qui suit est dans le même mot, elle dénasalise la voyelle qui la précède, et celle-ci reprend le son labial; ainsi *plan, aplanir; chrétien, chrétienne,* pr. *chrétiè-ne; maison, maisonnette,* pr. *maiso-nette; un, u-nir.* — Les mots *bon, mon, ton, son, un,* devant leur substantif, sont regardés comme ne faisant qu'un mot avec lui, c. à d. que, si ce substantif commence par une voyelle, l'*o* et l'*u* de ces mots redevient labial : *mon ami,* pr. *mo-nami.*

(g) *I, u, ou* ne peuvent donner lieu à aucune difficulté puisque, comme nous l'avons vu, ces voix ne changent pas de son ; seulement, dans le style de la conversation, elles se contractent toujours avec la voyelle qui les suit dans le même mot, de sorte qu'on les remplace dans ce cas par une semi-voyelle : ainsi, *lier, louer, tuer* se prononceront en une seule syllabe dans le style badin, quoique dans le style élevé ils en doivent avoir deux(1); alors, comme nous l'avons dit, on fait entendre entre la fixe et la mobile suivante le son de la semi-voyelle, *li-yer, tu-uer, lou-wer.*

(h) *E* sans accent présente un grand nombre de prononciations diverses; il a d'abord le son *an* et *ein* dans les mots comme *prendre, chien,* etc. (voy.

ci-dessus, § (e.) Il représente encore *a, è, é, eu, e,* c. à d. cinq sons différens.

1° *E* sans accent est entièrement muet à la fin des mots; *aimable, attrape,* pr. *aimabl, attrap.* Cet *e* ne peut jamais se doubler; il doit terminer le mot, à moins qu'il ne soit suivi de *nt*, marque du pluriel, de *s*, marque du pluriel ou de seconde personne, ou enfin de *rai* et *rais*, etc., terminaisons du futur et du conditionnel.

2° Dans l'intérieur d'un mot, quand il finit la syllabe, et à la fin des monosyllabes *ce, de, le, me, que, re, se, te, e* sans accent a le son *eu* ouvert et très-faible, excepté toutefois devant les terminaisons du futur et du conditionnel où il est absolument muet (2).

3° L'*e* sans accent suivi d'une nasale doublée, ou de deux consonnes, dont la première n'est pas une nasale, prend le son de l'*è* ouvert, *veste, espoir, lemme, Vienne,* etc., pr. *vèsté, èspoir,* etc. Il est clair que l'*e* sans accent suivi d'une seule consonne à la fin d'un mot prend le même son *è* puisqu'il ne termine pas la syllabe : ainsi, *sonnet, cep, Aureng-zeb,* etc., pr. *è.*

4° *E* sans accent devant *r*, quand *r* ne se prononce pas, prend le son de l'*é* fermé, *aller, cocher,* pr. *allé, coché;* il reprend le son ouvert si l'*r* se prononce : *aller à la gloire,* pr. *allè-ra.*

5° *E* sans accent se prononce *a* dans les adverbes tirés des masculins en *ent*, où il est suivi de deux *mm :* Ex. *prudent, prudemment,* pr. *pruda-ment* (3). Par analogie, on prononce *fame, solanel, hanir, hanissement,* les mots *femme, solennel, hennir,* où l'*e* sans accent est suivi de deux nasales.

II. *Des consonnes.* Après avoir exposé en détail ce qui tient à la lecture des voyelles, nous devons établir les principes de la pro-

(1) Cette réunion de deux voix distinctes en une seule syllabe est précisément ce qu'on appelle *diphthongue.*

(2) Dans ces deux cas, il se mange entièrement devant une voyelle, et alors on le remplace par l'apostrophe : Ex. *j'aime, l'honneur, qu'avez-vous ?* pour *je aime, le honneur, que avez-vous ?*

(3) On prononce ainsi par analogie avec les adjectifs en *ant : constant, constamment; élégant, élégamment;* et ce serait peut-être une raison pour écrire par *ant* tous ces adjectifs en *ant* ou *ent*, malgré l'étymologie latine, comme nous avons fait de tous nos participes présents, que leur orthographe latine fût *ans,* ou *ens.*

nonciation des consonnes. La règle générale est que toute consonne garde partout le son dont elle est le signe ; voici les exceptions :

(a) Les palatales *g* et *c* prennent le son de *j* et de *s* devant *e* et *i* : *âge, giberne*, pr. *âjé, jiberne*. Quand on veut leur donner un son sifflant devant *a, o, u*, on met après le *g* un *e* muet : *il corrigea (ja), la geôle (jôle)*; et pour le *c* on lui souscrit une petite virgule que l'on appelle cédille ; *traça, façonner, reçu*. — Au contraire, pour donner au *g* le son dur devant *e* et *i*, on met un *u* muet, *guérir, guider, longue*; pour le *c* on se sert du *k* ou de *qu*; *qui, que, Kermès*. On met aussi quelquefois un *u* muet comme dans *cueillir*.

(b) *S* placé entre deux voyelles fait toujours entendre le son du *z* : *maison, rosier*, pr. *maizon, rozier*. Il n'y a d'exception que dans quelques mots composés : *monosyllabes*, pr. *mono-si* et non *monozi;* mais cela même est fort incertain, car dans d'autres il se prononce doux, *résoudre*, pr. *zou* (1). —*S*, signe du pluriel ou de la seconde personne dans les verbes, est *quiescent*, c. à d. ne se prononce que sur le mot qui le suit, et seulement quand ce mot commence par une voyelle. Dans ce cas il a toujours le son du *z* : *vous avez*, pr. *vou-zavé*. Il en est de même des mots terminés en *as, es, is, os, us, s* ne s'y prononce pas excepté sur la voyelle suivante.

(c) *T*, devant *i* dans les mots en *ion* et ceux de leurs dérivés où l'*i* est suivi d'une autre voyelle, se prononce *si*, à moins qu'il ne soit lui-même précédé d'un *s* : *imitation, faction*, pr. *imita-sion, fac-sion;* mais pr. *bastion, ges-tion*, à cause de l'*s* qui précède, et de même *mixtion* parce que *s* est compris dans l'*x*. — *T* se prononce encore *s* dans quelques noms en *tie, minutie, facétie, impéritie, inertie*, etc.; dans les noms de pays, *Béotie, Dalmatie, Croatie*, et dans les composés de *cratie, théocratie, ochlocratie*.

(d) *Qu* devant *a* se prononce *cou* dans les mots dérivés de *quatre* où le *t* est changé en *d, quadrature, quadruple, quadrilatère;* cependant *quadrille* se prononce *kadrille*.

(e) Les consonnes doubles *ch, gn* ont ordinairement le son que leur assigne notre tableau : cependant *ch* devant *l* et *r* a le son de *k* (2): *chrétien, chlamyde*, pr. *krétien, klamide;* on prononce de même *Michel-Ange, archiépiscopat*, etc. — *Gn*, au commencement des mots et dans quelques noms qui ont conservé leur forme latine comme *agnus*, ou qui n'ont pas encore passé dans la langue commune, se prononce en deux sons détachés : Ex. *gnome, gnomon, igné, ignition*, pr. *g-nome, g-nomon, ig-né*, etc. (3).

(f) *Ph* se prononce *f*, *prophète, Joseph*, pr. *profète, Josef*.

(g) *X* se prononce tantôt *gz*, tantôt *ks* ; au commencement des mots c'est toujours *gz* : *Xénophon, Xanthe*, pr. *Gzénophon, Gzanthe;* à la fin des mots, ou quand il n'y a après lui qu'un *e* muet ou une désinence caractéristique ou étymologique, c'est toujours *ks; phénix, syntaxe, vexer, complexion;* dans l'intérieur du mot, c'est tantôt une prononciation, tantôt l'autre. — *X* dans quelques mots se prononce comme deux *ss* : *Bruxelles, Auxerre*, etc. — *X*, signe du pluriel, est quiescent comme *s*, et comme lui se prononce *z* sur la voyelle suivante.

(h) Les nasales *m, n* ne paraissent devant une autre consonne qu'après une voyelle; alors elles perdent leur son de consonne pour former la voyelle nasale : *constance, vaincu, emporter*. Dans cet usage elles peuvent se doubler et donner encore le son nasal à la voyelle qui les précède. *Emman-*

---

(1) On éviterait cet embarras en faisant usage du trait d'union ou petit tiret lorsque l'*s* doit se prononcer rude : ainsi *ré-susciter, mono-syllabe, pré-supposer*, et au contraire sans tiret, *désoler, résonnance, résoudre, présumer* : cela vaudrait mieux que de doubler l'*s*, comme on le fait, contre toute raison, dans les mots *dessaler, ressusciter*, etc.

(2) Cela aurait lieu encore devant d'autres consonnes, *Achmet*, etc.; mais ces combinaisons de lettres n'appartiennent pour ainsi dire pas à notre langue.

(3) Ne serait-ce pas là le cas d'employer le tréma ainsi : *agneau*, et *agnüs; ignorant*, et *gnomonique* (g-nomonique)?

cher, ennuyer, pr. *en-mancher, en-nuyer* (1). — On a même quelquefois la voix nasale avec une seule consonne devant une autre voyelle, *enivrer, enhydre, enorgueillir;* tandis que dans d'autres circonstances on prononce la voyelle labiale, *énoncer, énorme* (2).

(i) Les consonnes *b, f, m, n, p, r, t* se redoublent chez nous sans autre effet que d'abréger la voyelle précédente, *abbé, suffire, gamme, terre,* etc.; alors la première de ces consonnes est entièrement muette.

(j) *G* et *c,* en se doublant devant l'*e* et l'*i,* ont la première fois leur son propre, et la seconde celui que nous leur avons assigné tout à l'heure : *accès, suggestion,* pr. *ak-sès, suggestion.*

(k) *L,* en se doublant après un *i,* se mouille, c. à d. qu'il fait entendre le son que nous avons appelé *mouillé fort* (p. 6, § e) : Ex. *taillez, veuillez, mouillons, billard, fille,* etc.; *l* se mouille même quelquefois à la fin des mots après un *i* précédé d'une voyelle mobile, *travail, conseil, cerfeuil;* ou même après l'*i* simple dans quelques mots, *avril, gril.* — Au reste, cette prononciation, comme celle de *ille,* n'est pas constante, et souvent *l* conserve sa prononciation ordinaire, *ville, village, mil, exil, fil,* etc.; pour *ville* et *village*

il serait au moins bien simple de les écrire par un seul *l.*

(l) *S,* en se doublant entre deux voyelles, ne fait que reprendre sa prononciation rude ; *assez, brasse,* pr. *a-cez, bra-ce.*

(m) *P* entre deux consonnes ne se prononce pas : *sculpter, compter,* dites *sculter, comter,* etc. ; et aussi *baptême, baptiser,* etc., dites *batême, batiser.*

(n) Quand deux consonnes mobiles sont de suite, si elles sont d'intensité différente, c. à d. si l'une est faible et que l'autre soit forte, la dernière des deux attire la première à sa nature : ainsi *obtenir,* pr. *optenir; absent,* dites *apsent; czar,* pr. *gzar.*

(o) A la fin des mots, après les voyelles nasales, toutes les consonnes sont quiescentes : *rang, camp, plomb, banc, il rend,* etc. — Si la voyelle n'est pas nasale, *c, d, f, l, r, p* se font ordinairement sentir, sauf les noms en *il* dont nous avons parlé, et les infinitifs et les noms d'arbre et de métier en *er* où l'*r* est toujours quiescent, *aimer, serrurier, poirier, cocher.*

(p) Si le mot est terminé par deux consonnes non nasales, elles se prononcent toutes deux, à moins que la première ne soit un *r* après lequel on prononce le *c* et l'*f, arc, cerf.*

Telles sont les principales règles de notre prononciation; quoiqu'un peu compliquées, elles sont cependant assez générales pour être étudiées avec soin.

LIVRE II.

PTOSÉOLOGIE, OU DES MOTS DANS LEURS FORMES SPÉCIFIQUES.

CLASSIFICATION DES MOTS.

Toute émission de voix destinée à représenter une idée précise s'appelle mot.

Il y a trois sortes de mots (3) : les *noms* qui représentent les êtres,

---

(1) Cette orthographe *en-mancher, en-nuyer* serait bien préférable à l'orthographe habituelle, qui semblerait devoir faire prononcer la première syllabe comme celles d'*Emma* et d'*ennéagone.*

(2) C'est ici surtout qu'il serait bon d'employer le tiret, et d'écrire *en-ivrer, en-hydre, s'en-orgueillir,* et dans les autres mots *é-noncer, é-norme.* On peindrait ainsi à la fois la prononciation et l'étymologie.

(3) Voy. la *Minerve de Sanctius,* liv. I, ch. 2. *De partibus orationis.*

les *verbes* qui indiquent l'existence d'une qualité dans un sujet, les *ligatifs* qui expriment un rapport pur et simple. Dans cette phrase : *Mon livre est sur la table; mon livre, la table* sont des *noms :* car ils indiquent des êtres. *Est* est un *verbe,* car il exprime l'*existence* de *ce livre* sur *cette table; sur* est un ligatif, car il ne marque qu'un rapport de position.

Les noms sont de trois espèces : car ils peuvent représenter un être par l'idée de sa nature, *Dieu, homme, table, vérité :* alors ils sont *substantifs :* ou par l'idée d'une qualité, *rouge, dur, coupable:* alors ils sont *adjectifs :* ou enfin par le rôle qu'il doit jouer dans le discours, savoir : si c'est lui qui parle, il est à la première personne; ou si c'est à lui qu'on parle, il est alors à la seconde personne; ou si c'est de lui qu'on parle, auquel cas il est à la troisième personne : les noms alors s'appellent *pronoms.*

Les verbes sont de deux sortes; car on peut indiquer l'existence simplement et absolument : *être, étant, je suis,* alors le verbe est *abstrait;* ou y ajouter l'idée d'une qualité, comme *je cours,* qui signifie *je suis courant :* alors le verbe est *concret.*

Les ligatifs expriment des rapports entre des mots ou entre des phrases ; dans le premier cas ils sont *prépositions,* dans le second ils sont *conjonctions;* dans *sauter à pieds joints,* à est une préposition : elle unit les deux mots *sauter* et *pieds;* dans *il rit et il pleure à la fois, et* est une conjonction qui unit les deux phrases *il rit, il pleure.*

Ainsi nos espèces de mots comprises sous les trois genres exprimés ci-dessus sont les sept suivantes : 1° le *substantif;* 2° l'*adjectif;* 3° le *pronom;* 4° le *verbe abstrait;* 5° le *verbe concret;* 6° la *préposition;* 7° la *conjonction.* L'*adverbe* rentre dans l'*adjectif* ainsi que l'*article* et le *participe;* quant aux *interjections,* ce ne sont des mots que quand elles ont un sens conventionnel; alors ce sont de vrais adverbes.

Cette division des mots n'est pas la seule : les mots sont encore *déclinables* ou *indéclinables; déclinables* lorsqu'ils peuvent changer de forme, *indéclinables* dans le cas contraire; chez nous les noms et les verbes sont déclinables en général; les ligatifs ne le sont pas.

Dans presque tous les déclinables il y a une partie invariable qu'on appelle le *radical,* et une partie variable qu'on nomme la *terminaison;* l'étude des radicaux appartient à l'étymologie; l'étude des terminaisons ou désinences, et par conséquent de la classification des mots, constitue proprement la *ptoséologie* (*ptósis,* cas, désinence) dont nous allons nous occuper en détail dans les sept chapitres suivants, chacun devant être consacré à l'une des sept espèces de mots que nous avons énumérées tout à l'heure.

CHAPITRE I.

DU SUBSTANTIF.

Le substantif est un nom qui désigne un être par l'idée de sa nature; *table, homme, vérité, pierre, Dieppe* sont des substantifs.

A. *Espèces de substantifs.*

Le *substantif physique* est celui qui désigne une chose qui peut frapper nos sens, comme *étoile, livre, maison;* le *substantif métaphysique* est celui qui exprime une conception de notre esprit, *vertu, grandeur, beauté, jour, nuit.*

Le *substantif propre* est celui qui ne convient qu'à un individu ou quelques individus de la même espèce : *Voltaire, Buffon, les Capétiens, les Français, les Anglais;* il y a, comme on le voit, des noms propres d'hommes, de famille, de peuples, etc. Le *substantif appellatif* ou *nom commun* est celui qui convient à tous les êtres de la même espèce : *homme, cheval, bassin* sont des noms communs.

Le nom *collectif* est un substantif qui exprime une réunion de choses de même nature, comme *troupe, armée, forêt,* et encore *dizaine, douzaine, centaine, millier,* etc. Le nom partitif est celui qui exprime une partie d'un tout, comme la *plupart,* la *moitié,* etc.

B. *Des nombres dans les substantifs.*

On appelle *nombre* dans les noms la faculté qu'ils ont d'exprimer si les êtres sont *seuls* ou *plusieurs;* il y a donc deux nombres, le *singulier* quand on ne parle que d'un objet, un *livre,* mon *chapeau;* le pluriel qui exprime la pluralité, des *hommes,* des *livres.*

Il y a des noms qui n'ont qu'un nombre, on les appelle *défectifs,* c. à d. *manquants.* La plupart des noms de vices, de vertus, de métaux n'ont que le singulier, la *tempérance,* la *gourmandise,* l'*argent;* d'autres au contraire n'ont que le pluriel, comme *mouchettes, mœurs, ténèbres, ancêtres, aïeux, cieux.*

Rem. *Aïeux* et *cieux* sont souvent regardés comme les pluriels d'*aïeul,* et de *ciel :* c'est à tort; quand on veut nombrer, on se sert d'*aïeuls* et *ciels : Ses deux aïeuls ont rempli les premières charges. Ce peintre réussit dans les ciels.* C'est par la même raison qu'on dit *des ciels de lit,* et *changer de ciels* pour passer d'un climat dans un autre; on devrait dire aussi *les ciels des planètes. Aïeux* et *cieux* peuvent donc être regardés comme des défectifs pluriels exprimant l'un la généralité des ancêtres, l'autre celle du firmament.

Le pluriel se distingue ordinairement du singulier par la terminaison. Il se marque dans la prononciation en ajoutant à la fin du mot le son du z que l'on fait sentir seulement sur la voyelle suivante. Ex. *Amis, allons,* pr. *amizalon.*

Dans l'écriture, 1° les mots terminés en *s, z, x* ne changent pas au pluriel; *le fils, les fils; la voix, les voix; le nez, les nez.*

2° Les noms en *al* et en *au* font le pluriel en *aux; cheval, chevaux; berceau, berceaux.*

Excepté *bal, pal,* qui font *bals* et *pals,* et quelques noms d'histoire naturelle comme *chacal, serval* qui font *chacals, servals.* Pour *cal, régal, carnaval,* ces noms sont défectifs, le pluriel leur manque.

3° Les noms en *eu* font le pluriel en *eux; lieu, lieux; vœu, vœux.*

4° Pour les autres noms on ajoute seulement un *s, homme, hommes; mouton, moutons; chien, chiens.*

Excepté quelques noms en *ail; bail, corail, émail, vantail, ventail, vitrail, travail,* font au pluriel *baux, coraux, émaux, vantaux, ventaux, vitraux, travaux; ail* fait *aulx; bétail* fait *bestiaux; œil* fait *yeux.* Enfin les noms suivants en *ou, chou, caillou, genou, hibou, pou* font le pluriel en *x, choux, cailloux,* etc. Il faut espérer qu'un jour ils suivront la règle générale.

5° Les mots de plus d'une syllabe, terminés par *nt* au singulier, retranchent le *t* au pluriel, *président, présidens; enfant, enfans;* et il en est de même du mot *gent,* plur. *gens.*

Cette orthographe, usitée anciennement et renouvelée depuis peu d'années, ne paraît pas fondée en raison.

C. *Des genres dans les noms.*

On appelle *genres* dans les noms la propriété qu'ils ont de désigner le sexe des objets. Les êtres animés sont *mâles* ou *femelles;* il y a donc deux sexes, et par conséquent deux genres; le *masculin* pour les mâles, le *féminin* pour les femelles.

Mais cette division n'a pas été rigoureusement suivie : d'ailleurs les êtres inanimés, n'ayant pas de sexe, n'auraient pas non plus de genre, et au contraire on leur a donné par imitation, mais sans raison certaine, tantôt un genre, tantôt l'autre.

Il y a des noms qui conviennent aux deux sexes, soit qu'ils changent eux-mêmes de genre, comme *un bel enfant* en parlant d'un garçon, *une belle enfant* en parlant d'une fille; ou qu'ils n'en changent pas comme *une perdrix,* qui se dit également du mâle et de la femelle; on les appelle *épicènes.*

D'autres prennent les deux genres indifféremment, comme *automne, amours,* ou selon certaines règles, comme *foudre* féminin au propre, *le bruit de la foudre,* et masculin au figuré, *un foudre de guerre;* ces noms se nomment *douteux.*

Il y en a qui changent de genre en changeant de nombre; on les appelle *hétéroclites: un bel orgue, de belles orgues; un grand délice, mes plus chères délices.*

La marque générale du féminin, quand deux noms se forment l'un de l'autre, consiste dans l'addition d'une syllabe muette représentée par l'*e* muet : la prononciation du mot se modifie par cette addition; l'orthographe en est d'ailleurs déterminée de la manière suivante :

1° Les noms terminés en *en* et *on* doublent leur consonne devant l'*e* muet, *chien, chienne; lion, lionne.*

2° Les noms en *eau* venant de primitif en *el* font le féminin en *elle, jouvenceau, jouvencelle; damoiseau, damoiselle; tourtereau, tourterelle.*

3° Les noms masculins en *e* muet le changent ordinairement en *esse, prêtre, prêtresse; tigre, tigresse; comte, comtesse; âne, ânesse; maître, maîtresse,* etc.

4° Les noms en *eur* font leur féminin en *eresse : pécheur, enchanteur, demandeur, défendeur, bailleur, vengeur* font *pécheresse, enchanteresse, chasseresse, demanderesse, défenderesse, bailleresse, vengeresse.*

Excepté *empereur* qui fait *impératrice, ambassadeur, ambassadrice.*

5° Les noms en *teur* font presque tous leur féminin en *trice*, acteur, actrice.

6° Les autres noms ajoutent simplement un *e* muet, *président, présidente; berger, bergère; ours, ourse; faisan, faisane.*

Excepté *loup* qui fait *louve; duc, duchesse, roi, reine,* etc. Il y a d'ailleurs un grand nombre de noms dont le féminin n'a aucun rapport avec le masculin, ou du moins ne s'en tire pas selon les règles ci-dessus; tels sont entre plusieurs autres les noms suivans : *bélier, brebis; bœuf, vache; bouc, chèvre; canard, cane; cerf, biche; cheval, jument; coq, poule; dindon, dinde; homme, femme; jars, oie; lièvre, hase; mulet, mule; porc, truie; sanglier, laie; seigneur* ou *sieur, dame* et *demoiselle; taureau, génisse,* etc.

Il y a aussi beaucoup de mots qui, sans être un genre l'un de l'autre, ne diffèrent que par la terminaison féminine soit qu'ils tiennent au même radical comme *médecin, médecine; tribun, tribune,* etc., soit que le hasard seul leur ait donné des formes semblables, comme *an,* année, et *Anne,* nom de femme; *brochet,* poisson, et *brochette,* petite broche.

D. *Détermination du genre des noms.*

La plupart des substantifs n'ont cependant qu'un genre, qu'il est ordinairement facile de distinguer par la terminaison. On peut à cet égard établir les principes suivants :

1° Les terminaisons en *aire, aque, aime, able, ible, ide, ime, igne, agne, ule,* étant plutôt adjectives que substantives, n'indiquent rien sur le genre des noms.

2° Les terminaisons en *e* muet indiquent ordinairement des noms féminins, excepté les précédentes, et les mots en *age, isme, iste* qui sont masculins : *courage, éclectisme, artiste.*

3° Les noms féminins de qualités prennent encore les terminaisons *eur, té, on* et *ion* qui sembleraient masculines : *pâleur, beauté, foison, expédition.*

4° Ces exemples exceptés, presque tous les mots sans *e* muet à la fin sont masculins.

Au reste ces règles ne doivent être regardées que comme un aidemémoire; elles sont loin d'être sans exception.

E. *Des noms abstraits.*

Nous avons dans notre langue plusieurs noms abstraits, généraux, métaphysiques qui, employés presque tous au singulier seulement, et sans article, ont paru indéclinables; il n'en a pas fallu davantage pour les faire classer parmi les adverbes, les pronoms, ou les prépositions (1).

Ce sont de véritables noms; l'explication de leur valeur, donnée à la suite de leur étymologie, que j'indiquerai entre parenthèse, en sera seule une preuve suffisante, puisqu'elle ne se pourra faire que par d'autres noms.

(1) Nous devons observer à cet égard que d'abord ce ne sont pas des pronoms : il n'y en a pas d'autres que ceux qui désignent les trois personnes, savoir, *je, tu, il,* dont nous parlerons en leur lieu; ensuite ce ne sont pas des adverbes : car les adverbes ne peuvent, en aucune manière, être compléments de prépositions ou recevoir l'article; enfin ce sont encore moins des prépositions, celles-ci ne pouvant ni servir de compléments à d'autres prépositions, ni appeler une autre préposition pour régir un autre mot, ni même enfin exister habituellement sans complément.

On s'apercevra d'ailleurs qu'il y a plusieurs de ces mots qui sont simples et indécomposables dans notre langue, tandis que d'autres laissent facilement distinguer leurs élémens : il est bon de s'habituer à les chercher et à les trouver.

PRINCIPAUX NOMS ABSTRAITS.

Abord (à, bord), d'où le mot *d'abord.*

Ailleurs (*aliorsùm*), autre part ; *d'ailleurs.*

Alentour (à l'entour), *les alentour.*

Alors (à lors), ce temps-là ; *les hommes d'alors; alors comme alors.*

Après-demain; ce sont deux mots.

Arrière (*à retro*), partie postérieure, *l'arrière d'une voiture, d'un vaisseau.*

Assez (*ad satis*), quantité suffisante.

Aujourd'hui; ce sont quatre mots : *au jour d' hui.* Voy. *hui.*

Auprès (au, près). Voy. *près.*

Autant (au, tant), *d'autant plus.* Voy. *tant.*

Autour (au, tour), *autour d'un arbre.*

Autrefois; ce sont deux mots. Voy. *fois.*

Autrui (autre), autre homme ; *s'emparer du bien d'autrui : ne faites pas à autrui ce que vous ne voulez pas qu'on vous fasse.*

Avant (*ab, ante*), partie antérieure, *l'avant d'un vaisseau, en avant.*

Avant-hier; ce sont deux mots. Voy. *hier.*

Beaucoup (*bella, copia*), grosse quantité.

Bien (*bonum*), ce qui est désirable.

Ça (*hasce-parte*), lieu où l'on est.

Ce (*hoc-ce*), nom tout-à-fait général et indéterminé : *ce qui me plaît, ce dont on se plaint le plus.*

Céans (ci-dedans), la maison où l'on est : *le maître de céans, il n'est pas céans.*

Ceci (ce-ci), ce qui est ici.

Cela (ce-là), ce qui est là.

Ci (*hic-ce*), le lieu où l'on est; *par-ci, par-là; ce lieu-ci, cet homme-ci.*

Ci-dessus, ci-devant, ci-contre, etc.; ce sont tous des composés.

Combien (quant, bien), quelle quantité, *combien d'hommes? pour combien?*

Deçà (de, çà), de ce côté, *en-deçà des monts.*

Dedans (de, dans), l'intérieur, *en dedans.*

Dehors (de, hors), l'extérieur, *en dehors.*

Delà (de, là), de l'autre côté, *au-delà des Alpes.*

Demain (de, manè), le jour qui suit celui où nous sommes, *dès demain.*

Derrière (de, arrière), les derrières.

Dessous (de, sous), partie inférieure, *avoir le dessous, par-dessous.*

Dessus (de, sur), partie supérieure, *le dessus d'une table, au-dessus de vous.*

Devant (de, avant), partie antérieure.

Devers (de, vers), *garder un secret par devers soi.*

Di (*dies*), jour, nom qui n'est employé qu'en composition, *midi, lundi,* etc.

Endroit, (en, droit), lieu ou place directe.

Ensemble (*in, simul*), concert, *de l'ensemble.*

Entour (en, tour), *prendre les entours.*

Envers (en, vers), lieu ou place renversée, *l'envers d'une étoffe, à l'envers, bon envers tout le monde.*

Environ (en, viron), en cercle, à peu près.

Fois (*vices*), tours, faces d'une même chose, *autrefois, quelquefois, plusieurs fois.*

Guère ou *guères* (*parùm*), petite quantité.

Hier (*heri*), jour précédent, *depuis hier.*

Hui (*hodiè*), le jour présent, *d'hui en un an, aujourd'hui.*

Ici (y, ci), le lieu où l'on est; *d'ici, par ici.*

Ici-bas, la terre, par opposition au ciel.

Jà (*jam*), le temps passé, et limité à l'instant où l'on parle; vieux mot employé aujourd'hui en composition.

Jamais (jà, mais, *jam magis*), *vous ne l'aurez jamais,* signifie *vous ne l'aurez jà,* c. à d. *jusqu'à ce moment; ni plus,* c. à d. *à l'avenir; à jamais,* pour jamais, etc.

Là (*illâ parte*), lieu éloigné, *par là,*

de là ; il est opposé à *ci : ce lieu-là, cet homme-là.*

Là-bas, là-haut, etc. ; mots composés.

Léans (là-dedans), la maison où l'on n'est pas ; il est opposé à *céans ;* aujourd'hui l'on ne s'en sert plus.

Lendemain (l'en demain), le jour suivant.

Lez (*latus*), à côté : *le Plessis-lez-Tours, Saint-Germain-lez-Prés.*

Loin (*longè*), *de loin en loin.*

Long-temps ; ce sont deux mots.

Lors (*illâ horâ*), époque déterminée dans le discours : *alors, pour lors, dès lors.*

Mal (*malum*), ce qu'on doit fuir.

Mieux (*meliùs*), chose préférable : *tout est pour le mieux, au mieux.*

Moins (*minùs*), quantité inférieure : *au moins, du moins, pour le moins.*

On (*homo*), l'homme généralisé ; *on dit, on croit.* — *On* prend aussi l'article : *l'on rit, l'on jase, l'on raisonne.*

Ore, ores (*hora*), cette heure (1).

Personne (*persona*, masque de théâtre, et, par suite, *rôle, personnage*), l'homme individualisé : *payer tant par personne, il n'y a personne.*

Peu (*parum*), petite quantité : *à peu de frais.*

Pis (*pejus*), chose pire : *au pis aller.*

Plus (*plus*), quantité supérieure : *le plus, au plus, de plus en plus.*

Plutôt (plus tôt) : *au plutôt.*

Près (*propè*), lieu voisin : *auprès, de près, de près et de loin.*

Prou, vieux mot opposé à peu.

Rez (ras), au niveau : *rez-pied, rez-terre, un rez-de-chaussée.*

Rien (rem), chose individualisée, et réduite à sa plus petite valeur : *avoir pour rien, si peu que rien, ne manquer de rien, dire des riens.* — *Rien* n'est donc pas négatif par lui-même, non plus que *jamais, personne,* etc.

Tant (*tantum*), telle quantité : *à tant la livre, il s'en faut de tant.*

Tantôt (tant tôt), *à tantôt.* Il se répète : *tantôt l'un, tantôt l'autre.*

Tard (*tardè*), *sur le tard.*

Tôt (*citò*), opposé de tard ; *il est bien tôt ; tôt ou tard.*

Toujours (tous jours), *à toujours, pour toujours.* — Il est souvent l'opposé de *jamais,* qui accompagné de *ne* indique la négation de *tous les jours,* et se prend quelquefois sans négation dans le même sens.

Travers (*transversus*), *à travers, au travers, un travers d'esprit.*

Trop (*turba*), quantité excessive : *rien de trop ; en tout le trop est un défaut.*

Viron (virer), inusité, entre en composition dans *environ.*

Vis (*visus*), vue ; *vis-à-vis* pour vue à vue : de là le mot *visage.*

F. *Noms réunis* (2).

Il y a en français des noms composés de deux ou plusieurs autres réunis entre eux dans le langage par la vîtesse de la prononciation, et dans l'écriture par des traits-d'union, comme *couvre-piéds, chou-fleur ;* ces mots peuvent présenter quelque difficulté dans leur orthographe. Voici à cet égard les principes essentiels :

1° Si les éléments sont deux noms en concordance, comme *deux substantifs* ou un *substantif* et un *adjectif,* ils varient tous les deux ensemble. Ainsi *chat-huant, plate-bande, coffre-fort* feront au pluriel *chats-huants, plates-bandes, coffres-forts.* Par la même raison

(1) Ce mot aujourd'hui sans usage était bien plus agréable que *tantôt* et *à présent* qui l'ont remplacé : *ores estans incités par envie et par jalousie, ores par le désir de plaire,* etc. (Amyot, *Agis et Cléomène.*)

(2) Ce chapitre pourra être laissé de côté à une première lecture, car il suppose des connaissances qui ne sont pas encore acquises, puisqu'il y est question d'*adjectifs,* de *verbes,* de *prépositions,* etc. D'ailleurs, à proprement parler, puisqu'il y a réunion de mots, sa véritable place serait dans la syntaxe : cependant, comme ces mots se trouvent dans tous les dictionnaires, et qu'ils y sont présentés comme mots uniques, il ne m'a pas semblé possible d'en rejeter l'étude plus loin. — Cette observation s'appliquera naturellement aux combinaisons de mots que nous aurons à examiner en traitant de l'adjectif, du pronom et du verbe.

monsieur, monseigneur, madame, mademoiselle composés de l'article *mon, ma, mes* et des mots *seigneur, sieur, dame*, etc., quoique écrits en un seul mot, feront au pluriel *messieurs, messeigneurs, mesdames, mesdemoiselles.*

Rem. Deux ou plusieurs mots sont en concordance lorsqu'ils se déterminent les uns les autres par un rapport d'identité. *Un habit vert; Louis-Philippe roi.*

2° On suit ordinairement la même règle pour les noms en dépendance, s'ils peuvent passer ensemble au pluriel : ainsi *chef-d'œuvre*, pluriel *chefs-d'œuvres* parce qu'il peut y avoir plusieurs œuvres ; une *garde-malade* pour *garde de malade*, et au pluriel *des gardes-malades* pour *gardes de malades* parce qu'il peut y avoir plusieurs malades.

Rem. Deux mots sont en dépendance lorsqu'ils se déterminent l'un l'autre par un rapport de différence : ainsi *palais de marbre, l'utilité d'un livre*, etc., le *livre* et l'*utilité*, le *marbre* et le *palais* ne sont pas les mêmes êtres ; au contraire, dans *Louis-Philippe roi*, ces trois mots expriment le même individu.

3° Dans tous les cas, il faut, si les noms en dépendance ne sont pas séparés par une préposition exprimée, la rétablir pour voir quel mot doit varier : ainsi *Hôtel-Dieu* pour *Hôtel de Dieu*, pluriel des *Hôtels-Dieu; blanc-seing*, c'est *seing* (signature) *en blanc* (sur papier blanc), pluriel *blanc-seings; arc-en-ciel*, pluriel *arcs-en-ciel* parce qu'il n'y a qu'un ciel.

4° Si le nom est précédé d'une préposition ou d'un nom abstrait, ces mots étant invariables, la variation ne peut tomber que sur le dernier : *arrière-boutiques, avant-coureurs, contre-coups*, et non *arrières-boutiques, avants-coureurs*, etc.

5° S'il entre un verbe dans la composition, il est toujours à l'état absolu et par conséquent invariable. Dites donc : des *tire-pied*, instrument qu'on tire sur les pieds, des *porte-bouteille*, des *boute-feu.*

Rem. Un mot est à l'état absolu, ou pris absolument quand on l'emploie dans la phrase sans aucun égard à ce qui le précède ou ce qui le suit.

6° Les deux mots peuvent être invariables par leur nature ou leur position : des *ouï-dire*, des *pour-boire*, un *cent-suisses*, c. à d. un des *cent suisses*; un *chevau-légers* ou *chevaux-légers* pour un des *chevaux légers*. On dit de même un *mille-pieds* ou insecte à *mille pieds*; un *quinze-vingts* pour un aveugle de l'hôpital des *Quinze-vingts.*

7° La même chose a lieu quand le composé n'est employé que par abréviation : des *tête-à-tête*, c. à d. des entretiens où l'on est *tête à tête*; des *pied-à-terre*, c. à d. des maisons où l'on peut mettre le *pied à terre*; des *coq-à-l'âne*, c. à d. des discours sans suite comme en tiendrait le *coq à l'âne.*

8° Règle générale. Examinez avec attention les éléments : s'il y a une raison évidente pour écrire d'une manière plutôt que d'une autre, soumettez-vous-y; sinon, écrivez comme vous voudrez.

CHAPITRE II.

DE L'ADJECTIF.

A. *De l'adjectif qualificatif ou proprement dit.*

L'adjectif, avons-nous dit, est un mot qui désigne les êtres par l'idée d'une qualité : il n'a donc par lui-même ni genre ni nombre, puisqu'il n'exprime que des modifications; mais par cette raison même, et parce que la qualité ne peut exister sans la substance à laquelle elle appartient, l'adjectif en tant qu'adjectif ne peut être conçu sans un mot qu'il détermine : or, il y a des langues où il a reçu ainsi par communication toutes les manières d'être du mot auquel il se rapporte. La langue française est dans ce cas.

Ainsi l'adjectif peut avoir à déterminer un nom; il sera alors comme ce nom singulier ou pluriel, masculin ou féminin, c'est-à-dire qu'il recevra des nombres et des genres.

Il peut avoir aussi à déterminer un mot qui de sa nature n'ait ni genre, ni nombre comme un verbe ou un autre adjectif, et pour cela l'adjectif prend une autre forme qu'on appelle sa forme *adverbiale* ou son *adverbe*.

Rem. Cette double manière de considérer l'adjectif explique comment il y en a qui restent invariables, quels que soient les mots qu'ils accompagnent : tel est l'adjectif *mi* (contracté de *medius*) *à mi-chemin, à mi-côte, mi-partir ; nu, demi* (de, mi) quand ils précèdent leur substantif, *nu-pieds, nu-tête, une demi-livre; grand,* dans quelques expressions, *grand'mère, grand'salle,* etc.

Enfin on conçoit qu'une qualité soit à un plus ou moins haut degré dans l'objet dont il est question : ces divers degrés, s'ils peuvent être exprimés par l'adjectif, s'appellent ses *degrés de signification,* ou ses *sens graduels* (comme les nomme Beauzée), ou mieux et plus simplement les *voix de l'adjectif.*

Les nombres, les genres et les voix sont donc les divers aspects sous lesquels on peut examiner l'adjectif.

I. *Des nombres dans les adjectifs.* Les adjectifs ont en français le singulier et le pluriel comme les noms.

Le pluriel se forme comme dans les noms, savoir :

1° En ajoutant un *s* : *vert, verts; joli, jolis; fidèle, fidèles; prudent, prudents.* Dans ce dernier cas comme dans les noms qui ne sont pas monosyllabes, on a l'habitude, et à mon avis, on a tort de retrancher le *t, prudens.*

2° Si l'adjectif se termine au singulier par *s, x,* il ne change pas au pluriel : *doux, heureux, soumis,* etc.; pluriel, *doux, heureux, soumis,* etc.

3° Les adjectifs en *au* et en *al* font le pluriel en *aux : de beaux habits,* de *nouveaux appartements; instants égaux,* d'*égal; points solstitiaux,* de *solsticial.*

Rem. Il y a un assez grand nombre d'adjectifs en *al* qui ne sont pas ordinairement employés au pluriel masculin : tels sont les mots *glacial, fatal, ban-*

cal, *naval, diagonal, diamétral, expérimental, instrumental, lustral, mental, patronal, pénal, virginal, zodiacal.* Quand on a besoin du pluriel masculin, on le forme en y ajoutant un *s ;* il est à croire que cette irrégularité disparaîtra à mesure que l'usage de ces adjectifs deviendra plus commun, et qu'ils finiront par faire tous leur pluriel en *aux.*

II. *Des genres dans les adjectifs.* Les adjectifs ont, en français, le masculin, le féminin et l'adverbe dont nous parlerons tout à l'heure : occupons-nous d'abord de la formation du féminin.

1° Le féminin se tire du masculin ordinairement en ajoutant un *e* muet : *constant, constante ; ingénu, ingénue ; pur, pure ; fin, fine ; pastoral, pastorale.*

2° Les adjectifs en *el, et, en, on, ot, eil* doublent leur dernière consonne devant l'*e* muet : *éternel, éternelle ; coquet, coquette ; chrétien, chrétienne ; bon, bonne ; sot, sotte ; pareil, pareille.*

Rem. Les adjectifs en *eau,* dérivés de primitifs en *el,* suivent la règle de ceux-ci : *beau, belle ; nouveau, nouvelle ;* de même *fou* et *mou,* venus de *fol* et *mol,* font au féminin *folle* et *molle ; nul* fait *nulle.*
Les adjectifs *complet, replet, concret, discret, secret, inquiet* ne doublent pas la consonne finale ; ils ajoutent seulement l'accent grave avec l'*e* muet : *complète, replète, concrète,* etc.

3° Les adjectifs en *f* changent cette lettre en *v* devant l'*e* muet : *actif, active ; bref, brève ; sauf, sauve ; neuf, neuve.*

4° Les ajectifs en *eux* et en *eur* font leur féminin en *euse : joyeux, joyeuse ; trompeur, trompeuse.*

Rem. Il faut excepter *vieux* qui tire son féminin *vieille* de *vieil* dont il est une contraction.
Les noms *pêcheur, vengeur, bailleur, défendeur,* etc., pris comme adjectifs, conservent le féminin en *eresse* dont nous avons parlé ci-dessus.

5° Les adjectifs en *teur* tirés des supins latins ou de leurs noms verbaux en *tor* font leur féminin en *trice : inspecteur, inspectrice ; persécuteur, persécutrice,* etc.

Rem. Cela n'est plus vrai pour les adjectifs en *teur* tirés des participes présents : ils font alors leur féminin en *teuse : chantant, chanteur, euse ; contant, conteur, euse.*

6° Les adjectifs en *érieur* et *meilleur, majeur* et *mineur* (dérivés de comparatifs latins en *or*) forment leur féminin en ajoutant un *e* muet : *supérieur, supérieure ; meilleur, meilleure,* etc.

7° Les masculins en *e* muet ne changent pas au féminin : *fidèle, fidèle ; brave, brave,* etc.

Rem. Les mots *traître* et *ivrogne,* qui font au féminin *traîtresse, ivrognesse,* sont plutôt des substantifs que des adjectifs.

8° Il y a plusieurs adjectifs dont le féminin ne se rapporte à aucune de ces règles, et qu'il faut nécessairement apprendre par cœur ; voici les principaux : *blanc, blanche ; franc, franche ; sec, sèche ; frais, fraîche ; doux, douce ; roux, rousse ; favori, favorite ; benin, benigne ; malin, maligne.*

9° Enfin quelques-uns changent le *c* en *qu,* ou intercallent un *u* après le *g* devant l'*e* muet pour ne pas prendre le son sifflant de l'*s* ou du *j* : *caduc, caduque; public, publique; grec, grecque; turc, turque; long, longue; oblong, oblongue.*

III. *Formation de l'adverbe.* La formation de l'adverbe est soumise à des règles plus simples et moins nombreuses.

1° Dans les adjectifs terminés par une voyelle sonore ou un *e* muet, on ajoute *ment* au masculin : *poli, poliment; ingénu, ingénument; fidèle, fidèlement.*

2° Si le masculin est terminé par une consonne, il ajoute cette terminaison au féminin : *cruel, cruelle, cruellement; plat, plate, platement; bon, bonne, bonnement.*

Rem. Les adjectifs en *eau* sont considérés comme terminés en *el;* l'adverbe se forme alors du féminin : ainsi, *nouveau, nouvellement; beau, bellement.*

3° Si le masculin est terminé par la nasale *nt*, on forme l'adverbe en changeant *nt* en *mment;* alors les deux dernières syllabes se prononcent toujours *amant* : ainsi, *méchant, méchamment; prudent, prudemment,* pr. *prudamant.*

IV. *Voix de l'adjectif.* L'adjectif français, après sa forme primitive qu'on appelle le *positif,* n'est plus susceptible que d'une seule forme qui n'est même usitée que dans le style badin et qu'on appelle son superlatif. Elle consiste à changer l'*e* muet du féminin en *issime* : ainsi *belle* fait *bellissime; illustre, illustrissime* (1).

Voici donc le tableau des formes que peut prendre l'adjectif le plus varié dans ses terminaisons :

TABLEAU DE L'ADJECTIF FRANÇAIS.

POSITIF.

	Masculin.	*Féminin.*	*Adverbe.*
S.	Savant,	Savante,	Savamment.
P.	Savants,	Savantes.	

SUPERLATIF.

	Masc.	*Fémin.*
S.	Savantissime.	
P.	Savantissimes.	

B. *Adjectifs métaphysiques ou articles.*

Si nous disons *ce livre est vert, ma table est ronde,* les mots *ce, vert, ma, ronde* déterminent *livre* et *table* en leur attribuant une certaine manière d'être; à ce titre ils sont tous également adjectifs; mais *vert, ronde* indiquent des qualités inhérentes aux objets; *ce,*

___

(1) On en trouve un exemple singulier dans la *Satyre menippée,* où un petit maître-ès-arts adresse ce quatrain au cardinal de Pelvé sur la harangue qu'il venait de prononcer aux états de la ligue.

> Les frères ignorants ont eu grande raison
> De vous faire leur chef, monsieur l'illustrissime :
> Car ceux qui ont ouï votre belle oraison
> Vous ont bien recognu pour ignorantissime.

ma ne nous offrent que des vues de l'esprit, c'est-à-dire que je considère telle table comme, étant actuellement la *mienne,* tel livre comme étant celui que je montre.

Ces adjectifs s'appellent *articles* ou *adjectifs métaphysiques* par opposition aux adjectifs *qualificatifs* ou *physiques* dont nous avons parlé tout à l'heure. Ils se retrouvent si souvent qu'il est bon de savoir les principaux par cœur ; nous les réunissons donc ici dans une liste divisée en trois classes sous les noms de *possessifs* , *indicatifs* et *numéraux.* Ces noms seuls sont une définition.

LISTE DES ARTICLES.

I. Possessifs.

(a) Articles avec leur substantif.
Mon, ma, mes (meus).
Ton, ta, tes (tuus).
Son, sa, ses (suus).
Notre, nos (noster).
Votre, vos (vester).
Leur, leurs (illorum). ·

— Les trois premiers supposent le possesseur au singulier; les trois derniers supposent plusieurs possesseurs. *Mon, ton, son* s'emploient pour le masculin singulier ; *ma, ta, sa* pour le féminin singulier commençant par une consonne. Devant les masculins et les féminins qui commencent par une voyelle, on emploie *mon, ton, son* qu'on prononce *monc, tone, sone :* Ex. *mon argent, ton habit.*

Mes, tes, ses, nos, vos, leurs s'emploient avec des substantifs pluriels des deux genres.

(b) Articles sans leur substantif.
Mien, ienne, iens, iennes (meus).
Tien, tienne, tiens, tiennes (tuus).
Sien, sienne, siens, siennes (suus).
Nôtre, nôtres (noster).
Vôtre, vôtres (vester).
Leur, lèurs (illorum).

— Ces articles ont exactement le même sens que les précédents; seulement on sous-entend toujours le nom auquel ils se rapportent : *ce livre est le mien et non pas le vôtre.* On voit par cet exemple, qu'on les joint presque toujours avec l'article indicatif *le, la, les.*

II. Indicatifs.

Le, la, les (ille, illa).
— *Le* pour le masculin singulier , *la* pour le féminin, *les* pour les deux genres au pluriel. — *Le* et *la* deviennent *l'* devant une voyelle ou une *h* muette : *l'argent, l'honneur;* au singulier, devant un nom masculin commençant par une consonne ou une *h* aspirée, au lieu de *de le* on dit *du,* au lieu de *à le, au.* Au pluriel, on dit toujours *des* pour *de les, aux* pour *à les : du père, au père, des pères, des mères, aux pères, aux mères.*

Ce, cet, cette, ces (hic-ce).
— *Ce* devant un nom masculin singulier commençant par une consonne; *cet* s'il commence par une voyelle; *cette,* devant un féminin singulier; *ces* au pluriel pour les deux genres.

— *Ce,* combiné avec *lui, elles, eux, elles,* forme le nouvel adjectif *celui, celles, ceux, celles,* qui ne s'emploie jamais seul, ni avec un nom, ni avec un autre adjectif, mais seulement quand il est suivi de la préposition *de* ou du *qui* conjonctif, ou enfin des noms abstraits *ci* et *là* avec lesquels il forme les nouveaux composés *celui-ci, celle-ci; celui-là, celle-là,* etc.

Seul, le, ls, les, lement (solus).
Chaque (quáque, ablat. de *quisque).*
— *Chaque,* adjectif distributif de tout genre et toujours du singulier.
— Combiné avec *un, une,* il forme *chacun, chacune.*

Quelque, es, ement (qualis-que).
— *Quelque;* article collectif indéfini, fait à son adverbe *quelque* au lieu de *quelquement; —* Combiné avec *un, une, uns, unes,* il forme *quelqu'un, quelqu'une, quelques-uns, quelques-unes.*

Maint, te, ts, tes (magnus) plusieurs.

Plusieurs (plures), article collectif du pluriel, de tout genre.

Tout, te, s, tes (totus), article collectif universel; son adverbe *toutement* n'existe pas; il est remplacé par son singulier masculin, *tout beau, tout doucement.*

Aucun, ne, ns, nes, ement (aliquis unus) article individualisant : *vit-on jamais aucun homme,* c. à d. *un seul homme.*

Nul, lle, ls, lles, llement (nullus) aucun avec négation.

Autre, tres, trement (alter).

Même, mêmes, mémement (memet ipsum), au lieu de *mémement,* à l'adverbe on emploie *même.*

Tel, lle, ls, lles, llement (tális).

Quel, lle, ls, lles, llement (qualis).

— *Quel,* article conjonctif indiquant la qualité ; il se combine avec *le, la, les* pour former *lequel, laquelle, lesquels, lesquelles.*

Qui (qui et quis).

— *Qui,* article conjonctif de tout genre et de tout nomb. — *Qui* et *quel* se combinent avec *que* et *onques,* pour former *quiconque* et *quelconque.*

Quant, te, ts, tes (quantus).

— *Quant,* adjectif conjonctif de nombre, employé au féminin pluriel dans la phrase *toutes et quantes fois ;* et au singulier masculin dans *quant à moi.*

Quantième, mes (quant).

— Article conjonctif d'ordre : il se prend aujourd'hui presque toujours substantivement.

Quot, te (quotus).

— Article inusité excepté au féminin singulier devant le mot *part* dans *quote-part.* Il a formé *aliquote, partie aliquote,* comme *quant* a formé *aliquante.*

III. Numéraux.

(a) Cardinaux marq. le nomb. absolu.

Un, une, uns, unes (unus).

— Le pluriel s'emploie dans les phrases *les uns, les unes,* opposées à *les autres; quelques-uns, quelques-unes.*

Deux (duo).

Trois (tres).

Quatre (quatuor).

— Tous les cardinaux pluriels, à partir de *deux, trois, quatre, cinq, six, sept, huit, neuf, dix, onze, douze, treize, quatorze, quinze, seize, vingt, trente, quarante, cinquante, soixante, septante, huitante* ou *octante, neuvante* ou *nonante, cent, mille,* sont des deux genres. — *Vingt* et *cent,* placés seuls ou immédiatement devant leurs substantifs, reçoivent la marque du pluriel : *six-vingts hommes; ils étaient trois cents.* — *Mille* est toujours invariable : *mille écus* ou *trois mille francs,* excepté quaud il s'agit de dates, alors il s'écrit *mil;* en *mil huit cent trente-deux.*

— Les mots *million, billion* et les unités supérieures sont regardés comme substantifs, et reçoivent la marque du pluriel.

(b) Ordinaux marquent l'ordre.

Unième, mes, mement (un).

— *Unième* ne s'emploie guère qu'en composition : *vingt-et-unième.*

Deuxième, mes, mement (deux).

Troisième, mes, mement (trois).

Quatrième, etc. Les ordinaux se forment des cardinaux par l'addition de la syllabe *ième* (1).

(c) Multiplicatifs.

Unique, es, ement (un) (2).

Double, les, ement (deux).

Triple, es, ement (trois).

Quadruple, quintuple, sextuple, décuple et *centuple;* les autres sont tout-à-fait inusités.

C. *De l'adverbe.*

L'adverbe n'est pour nous qu'un genre de l'adjectif : mais de même qu'il y a des adjectifs dont on n'emploie que le masculin comme *fat* qui ne se dit que des hommes, ou le féminin comme *caspienne* qui ne se dit que d'une mer ; il y en a d'autres où la forme adverbiale a seule été employée, soit parce que les formes masculines et féminines sont tombées en désuétude, soit parce que leur sens ne se prêtait réellement qu'à déterminer des verbes ou des adjectifs : ce sont ces mots qu'on a proprement appelés *adverbes.*

Quelques-uns ne sont jamais employés seuls ; ils s'unissent dans

---

(1) Les mots *premier, ère (primus); second, e (secundus); tiers, ce (tertius); quart, te (quartus); quint, te (quintus); sixte (sextus); décime, dixme (decimus)* et *dernier (de retro)* peuvent aussi être regardés comme ordinaux.

(2) Le mot *simple (simplex)* est encore un multiplicatif comme opposé à *double, triple,* etc.

le discours au commencement d'un mot dont ils changent, augmentent ou modifient la signification : on leur a donné le nom de *particules inséparables :* telle est *mé* (mal) dans *médire, méfait, mévendre.* J'en parlerai en traitant de l'étymologie.

D'autres seront écrits en petites capitales : ce sont ceux qui prennent souvent après eux un complément immédiat ; ce qui les a fait regarder comme des prépositions, parce qu'ils se construisent comme elles : quoique cette construction ne soit qu'accidentelle, il faut cependant la remarquer.

D'autres enfin, composés de plusieurs mots réunis ensemble, se comportent dans la phrase comme des adverbes, c'est-à-dire que comme eux ils déterminent des verbes ou des adjectifs, et ne servent pas de complément aux prépositions dans les phrases bien faites. Ceux-là seront marqués en *italiques ;* ce ne sont pas des adverbes, je ne les mets ici que parce qu'ils en jouent le rôle ; mais qu'on se rappelle bien que nous ne devons estimer leur sens et leur nature que par la juste connaissance de leurs éléments : je les mettrai donc entre parenthèses.

LISTE DES PRINCIPAUX ADVERBES.

Ah ! adverbe d'admiration.

Ainsi (*sic*), de cette manière.

Après (à, près), derrière : *marcher après quelqu'un*, c. à d. *marcher à quelqu'un près*, le suivre.

Auparavant (au, par, avant), au temps passé.

Aussi (*sic*), adverbe d'égalité devant les adjectifs et les adverbes : *aussi aimable.*

Aussitôt, pour *aussi tôt*, tout de suite.

Bientôt, pour *bien tôt*, promptement.

Cependant (ce pendant), pendant cela.

Certes (du latin *certè*), certainement.

Chut, adverbe pour faire taire.

Dà, particule post-positive d'affirmation : *oui-dà, oui certes.*

Dam, adverbe explicatif ou d'excuse.

Déjà (*dès, jà*), dès ce moment.

Depuis (*de, puis*), de ce moment, pour la suite : *depuis la guerre*, c. à d. de la guerre au temps qui a suivi.

Désormais (dès, ore, mais), dès cette heure pour la suite, pour l'avenir.

Diablement (diable), beaucoup, très, fort ; il est du style familier.

Dorénavant (d'ore en avant), de cette heure en l'avenir, désormais.

Emmi (en-mi) au milieu : *emmi les* prés, au milieu des prés ; il est hors d'usage aujourd'hui.

Encore (en, ce, ore, ou de l'italien *anchè ora*), à cette heure.

Enfin (en, fin), adverbe pour terminer.

Ensuite (en, suite), indique continuation.

Fi ! expression de dégoût.

Ha ! adverbe de surprise.

Hé ! adverbe pour fixer l'attention.

Hélas ! (hé, las !) adverbe de douleur.

Hi, hi ! adverbe indiquant le rire.

Ho ! adverbe pour appeler.

Holà ! adverbe pour appeler et arrêter.

Hors (*foràs*), à l'extérieur.

Hu, hu ! imitation du bruit que que font ceux qui pleurent et sanglottent.

Incessamment, adverbe formé de *cessant*, sans cesser ; il se prend aussi pour *aussitôt, à l'instant même.*

Incontinent (*in continuo*), tout de suite.

Jadis (*jam diù* ou *jà dis*), autrefois.

Journellement, adverbe formé de *jour*, comme si l'on disait *journel.*

Jusque, jusques (du latin *usquè*), adverbe qui appelle après lui la préposition *à* suivie du point précis où l'on s'arrête : *jusqu'à la ville ;* il est opposé à *depuis.*

Las ! adverbe de douleur.

Maintenant (la main tenant), à présent.

Maintefois, ou *maintes fois* (mainte, fois), plusieurs fois, souvent.

Naguère, ou *naguères* (pour *n'a guère*, ou *il n'y a guère*), il y a peu de temps.

Ne (du *ne* des latins), négation relative et qui ne s'emploie qu'en construction avec les verbes : *il ne danse jamais, vous ne pensez à rien, je ne le crois pas possible.*

Néanmoins (néant, moins), non moins, ne... pas moins : *vous le ferez néanmoins,* c. à d. vous ne le ferez pas moins.

Nenni (*nec-ne*), négation absolue qui nie toute une phrase et ne se construit jamais avec aucun mot ; elle vieillit.

Non(*non*), négat. absolue, nie toute une phrase : *danserez-vous demain ? non. Non* ne s'emploie en construction qu'avec des noms (subst. adj. ou pronom), *non-valeur, débiteur non solvable, non plus, non-seulement.*

Nuitamment, adverbe formé du mot *nuit*, pendant la nuit.

O, adverbe pour appeler l'attention.

Onc, oncque, oncques (du latin *unquàm*) jamais. — Ce mot vieillit.

Ouais, adverbe pour indiquer l'étonnement.

Oui, adverbe d'affirmation répondant à une phrase affirmative ou à une interrogation non négative : *vous irez à Paris, oui. Irez-vous à Paris ? oui.*

Parmi (par, mi), par le milieu, *parmi nous,* c. à d. par le milieu de nous.

Pardessus, écrivez *par-dessus*.

Partant, écrivez *par-tant*, par conséquent.

Partout, écrivez *par-tout.*

Pieça (pièce y a), il y a du temps ; depuis long-temps opposé à *naguère;* il est vieux et ne s'emploie plus.

Pourtant, écrivez *pour-tant.*

Presque (près, que), adverbe de quantité indiquant défaut, *presque sage.*

Profusément, adverbe formé de *profusion.*

Puis (du latin *post*), ensuite.

Quasi (du latin *quasi*), comme, presque.

Quelquefois, écrivez *quelque-fois.*

Sciemment (*sciens*), avec connaissance.

Si (*sic*), adverbe d'affirmation, détruisant une négation positive ou interrogative : *vous n'irez pas à Paris, si. N'irez-vous pas à Paris ? si, si fait,* c. à d. il sera ainsi fait.

Si (*sic*), dans le sens de aussi, tellement : *elle est si belle,* c. à d. tellement belle.

Souvent (*sœpè*), fréquemment.

Surtout, lisez *sur-tout.*

Tandis (*tam diù* ou tant-dis), tant de jours, tant de temps, pendant ce temps-là. Il n'est plus employé d'une manière absolue, et demande après lui la conjonction *que.*

Toutefois, écrivez *toute-fois.*

Très (du latin *ter* ou *trans*, selon Barbazan, où *tres* selon Ch. Nodier), marque d'une augmentation dans le sens d'un adjectif : *très-savant, très-fidèle.*

Voici, voilà, pour *vois-ici, vois-là,* adverbes qui servent à indiquer la présence d'un objet que l'on montre : *voici mon frère, voilà ma maison.*

Voire, voirement de *verè,* comme si l'on disait *vrai, vraiment.* Vieux mot qui signifiait *bien plus.* Lafontaine à dit (l. II, f. 2) :

Chapitre non de rats mais chapitre de moines,
Voire chapitre de chanoines.

D. *Adjectifs par réunion.*

Les adjectifs se composent comme les noms par l'addition d'un second mot qui vient déterminer le sens du mot principal, comme *clair-semé,* par exemple, où l'idée de *semé* se trouve déterminée par le mot *clair.*

L'orthographe de ces adjectifs est comme celle des noms sujette à quelques difficultés qu'il faut éclaircir.

Observons d'abord qu'en vertu de la faculté naturelle à l'homme de faire à tout moment des abstractions, quelques adjectifs, ceux surtout dont l'usage est le plus commun, sont susceptibles de se prendre dans un sens absolu , c'est-à-dire invariablement comme s'ils étaient substantifs ou adverbes , en sorte que l'on dit *sentir bon, courir vîte, frapper fort,* pour *sentir* comme ce qui est *bon, courir* comme un être *vîte, frapper* comme ce qui est *fort.* On dit que ces adjectifs sont pris *adverbialement,* ou mieux *absolument,* c'est-à-dire qu'ils sont invariables.

De là découlent naturellement les règles suivantes :

1° Dans les adjectifs composés d'un nom abstrait et d'un adjectif, l'adjectif seul peut varier : *le billet ci-inclus, la lettre ci-incluse; mon fils bien-aimé, ma fille bien-aimée.*

2° Dans cette classe rentrent évidemment les composés où l'adjectif est précédé d'une préposition ou d'un adverbe : *sous-tangent, sous-tangente.*

3° Il faut encore y mettre les adjectifs composés de deux mots dont le premier a une forme étrangère; il est alors considéré comme adverbe : la *Gallo-Grèce,* les *Anglo-Saxons,* la monarchie *anglo-saxonne.*

4° *Clair-semé, court-vêtu, demi-barbare,* etc., composés de deux adjectifs, laissent aussi le premier adjectif invariable, car il est pris absolument; en effet, c'est comme si l'on disait : *semé à clair, vêtu de court, barbare à demi,* etc.

5° Il n'en est plus de même des adjectifs *frais-cueilli, aigre-doux, nouveau-né,* etc., ceux-là doivent varier dans leurs deux éléments: car un *bouquet frais cueilli* est celui qui *est cueilli frais;* une remontrance *aigre-douce* est une remontrance *moitié aigre, moitié douce,* etc.

Rem. Les mots de cette dernière espèce se reconnaissent presque toujours facilement lorsqu'en retournant les deux mots on n'est pas obligé d'intercaler une préposition.

6° Lorsqu'après avoir attentivement considéré les données, il y a doute, écrivez comme vous voudrez.

E. *Voix composées dans les adjectifs.*

Nous savons que quelques-uns de nos adjectifs ont deux voix simples, le positif et la forme en *issime* que nous avons appelée *superlatif.* Cette dernière forme est très-peu usitée.

Mais nous pouvons former beaucoup de voix composées en plaçant devant l'adjectif un adverbe, ou un nom abstrait de quantité : ainsi *sage* pourra donner *fort sage, très-sage, extrêmement sage, infiniment sage,* etc.

Au milieu de cette multitude de voix composées, il y en a trois de remarquables parce qu'elles expriment trois degrés sensibles, savoir la chose même, le plus et le moins.

Ces trois degrés se retrouvent ensuite soit que l'on considère la qualité absolument et en elle-même , soit que l'on compare la qualité dans deux êtres de même nature ou de natures différentes.

Nous avons donc ainsi neuf formes principales dont voici le tableau :

SYSTÈME DES VOIX OU SENS GRADUELS.

I. Voix absolues:

Positif,	Sage.
Ampliatif (1) ,	Très-sage.
Diminutif,	Peu sage.

II. Voix relatives.

(a) Comparatifs entre objets homogènes indiquant

Égalité,	Aussi sage.
Supériorité,	Plus sage.
Infériorité,	Moins sage.

(b) Comparatifs entre objets hétérogènes indiquant

Suffisance,	Assez sage.
Excès,	Trop sage.
Défaut;	Trop peu sage.

Voici quelques exemples de l'emploi de ces formes :

Votre frère est sage, très-sage, peu sage : ces voix sont absolues, car elles indiquent sans aucune relation avec les autres êtres la qualité de votre frère.

Vous êtes aussi savant, plus savant, moins savant que lui : ces voix sont relatives, car elles établissent une comparaison entre vous et votre frère, deux êtres de même nature.

Vous êtes assez savant, trop savant, trop peu savant pour la place que vous occupez : il y a encore ici comparaison, mais entre deux êtres de nature différente, *vous* et *la place que vous occupez.*

Ces exemples doivent nous faire comprendre clairement la valeur de ces formes ; mais il y en a encore une bien remarquable : l'article *le, la, les,* ou les articles possessifs *mon, ton, son, notre, votre, leur* placés devant le comparatif de supériorité ou d'infériorité lui donnent un sens de suprématie et d'excellence qu'on désigne ordinairement par le nom de *superlatif relatif* : *mon plus fidèle ami, le moins sage des hommes.*

Ces tournures sont abrégées : le comparatif n'a pas changé de valeur : seulement la comparaison est devenue générale ; en sorte que le *moins sage des hommes* signifie proprement le (ou celui) *des hommes moins sage* (que les autres); et ainsi du reste : cette forme s'appellerait donc fort justement *comparatif emphatique,* le nom de superlatif devant rester à la forme en *issime.*

CHAPITRE III.

DES PRONOMS.

A. *Nature des pronoms.*

Parce que les pronoms expriment les êtres par l'idée du rôle qu'ils jouent dans le discours (2), et qu'il y a, comme nous l'avons

(1) J'appelle avec Beauzée *ampliatif* le degré de signification qu'on appelle ordinairement *superlatif absolu.*

(2) Beauzée définit les pronoms *des mots qui présentent à l'esprit des êtres déterminés par l'idée précise d'une relation personnelle à l'acte de la parole.* (Gram. et Littérat. t. III, p. 230.) J'ai simplifié cette définition.

vu, trois rôles ou *personnes*, nous avons trois pronoms, savoir
moi et *nous* pour la première, *toi* et *vous* pour la seconde, *lui*,
elle, *eux*, *elles* pour la troisième.

De plus, comme la troisième personne comprend tous les êtres,
excepté celui qui parle et celui à qui l'on parle, pour éviter les
équivoques qui pourraient résulter de ce grand nombre d'êtres représentés par le même signe, on a imaginé le pronom réfléchi *soi*
dont on a l'occasion de se servir dans les cas déterminés par la
syntaxe.

Le pronom peut quelquefois se prendre substantivement : *le moi
humain, le moi est haïssable, entre amis combien le toi est préférable au triste vous !*

Pour donner aux pronoms une valeur emphatique, nous leur ad-
joignons le mot *même : moi même, toi-même, lui-même, elle-même,
soi-même, nous-mêmes, vous-mêmes, eux-mêmes, elles-mêmes. Oui,
monsieur, c'est vous-même,* etc.

Au contraire, lorsque nous voulons distinguer les autres de nous,
nous ajoutons au pronom, mais seulement au pluriel et surtout aux
deux premières personnes, l'article *autres : nous autres, vous autres, eux autres, elles autres.*

Dans les mêmes circonstances et pour isoler entièrement l'objet
dont il est question, on ajoute au pronom l'article *seul : moi seul,
toi seul, nous seuls, eux seuls,* etc. Mais dans des locutions, on
n'emploie pas même le trait-d'union pour unir les mots ; ainsi elles
rentrent tout-à-fait dans la syntaxe.

Voilà toute la théorie des pronoms : on trouvera dans une multitude de
grammaires plusieurs autres mots donnés comme pronoms et que nous avons
rangés dans d'autres classes. Cette erreur de classification vient de la fausse
idée qu'on se fait souvent des pronoms, et de la fausse définition qui fait regarder comme tels les articles *relatifs, possessifs, démonstratifs, indéfinis* et plusieurs de nos *noms abstraits.*

B. *Forme des pronoms et déclinaison française.*

Lorsque les noms (substantifs, adjectifs ou pronoms) éprouvent
un changement quelconque dans leur terminaison ou ailleurs, et
que ces changements de terminaisons expriment dans la phrase des
fonctions différentes, faisant regarder le nom ici comme sujet, là
comme attribut ou comme complément (1), ces désinences s'appellent les *cas* du nom, et la réunion de ces cas forme sa *déclinaison.*

En général nous n'avons pas de *cas* en français, et par conséquent il n'y a pas de déclinaison française dans le sens des décli-
naisons grecques et latines ; mais il en existe incontestablement une pour le nom abstrait *ce,* pour l'article conjonctif *qui,* et
les pronoms des trois personnes ; déclinaison très-irrégulière sans
doute, et dont les divers cas appartenaient dans l'origine à des mots
de nature différente, mais que nous réunissons aujourd'hui : car
nous ne pouvons que constater l'usage, et déterminer leur sens et
leur valeur par des noms particuliers.

(1) Je suis obligé d'employer ici d'avance quelques mots qui ne trouveront leur explication
entière que dans la phraséologie : on pourra donc retarder jusque-là l'étude de ce chapitre.

Nous trouvons dans ces mots jusqu'à cinq cas : le *subjectif* qui indique le sujet de la phrase ; l'*objectif* qui exprime le complément direct d'un verbe transitif ; l'*attributif* qui exprime son complément indirect ; l'*ablatif* qui exprime un rapport d'éloignement (1), et le *complétif* qui ne se place qu'après une préposition exprimée ou sous-entendue.

Voici le tableau de ces formes : j'indiquerai par *M* les formes masculines, par *F* les féminines ; entre les deux ou par la lettre *C* les formes communes aux deux genres.

DÉCLINAISON FRANÇAISE.

Cas.	N. abstr.	Art. conj.	Pronoms.				
			1re P.	2e P.	3e P.		
					Dir.		Réfl.

SINGULIER.

Cas	M.	C.	C.	C.	M.	F.	C.
Subjectif.	Ce.	Qui.	Je.	Tu.	Il,	Elle.	
Objectif.	Le.	Que.	Me.	Te.	Le,	La.	Se.
Attributif.	Y.	Où.	Me.	Te.	Lui.		Se.
Ablatif.	En.	Dont.	«	«	«	«	«
Complétif.	Ce.	Qui, Quoi, Où, Quand.	Moi.	Toi.	Lui,	Elle.	Soi.

PLURIEL.

Cas	C.	C.	C.	M.	F.	C.
Subjectif.	Qui.	Nous.	Vous.	Ils,	Elles.	
Objectif.	Que.	Nous.	Vous.	Les.		Se.
Attributif.	Où.	Nous.	Vous.	Leur.		Se.
Ablatif.	Dont.	«	«	«	«	«
Complétif.	Qui, Quoi, Où, Quand.	Nous.	Vous.	Eux,	Elles.	Soi.

Ce tableau une fois bien su, il est facile de déterminer l'emploi des formes qui y entrent : c'est là l'objet de la syntaxe.

Remarquons seulement ici que le nom *ce* n'a pas de pluriel, que le *qui* conjonctif et le pronom *se* sont de tout genre et de tout nombre, et que les pronoms manquent d'*ablatif*. Il faut encore observer qu'une forme semblable peut se trouver à deux cas différents ; alors elle n'a pas la même valeur analytique : ainsi, dans *vous me chérissez*, *me* est *objectif*, car il est complément direct du verbe *chérir* ; dans *vous me nuisez*, il est *attributif*, car il est complément indirect du verbe *nuire*. De même dans ces phrases : *nous marchons, il nous frappe, il nous résiste, il travaille pour nous*, *nous* est tour à tour *subjectif*, *objectif*, *attributif* et *complétif* : ce sont bien quatre cas différents quoique la forme en soit semblable.

Mais c'est surtout dans l'article *conjonctif* que ces formes deviennent remarquables. Les quatre premiers cas s'appliquent aux

---

(1) Nous n'avons d'ablatif que dans le nom *ce* et l'article *qui* : au reste, il faut bien entendre que le rapport d'éloignement qu'il exprime est tout-à-fait intellectuel et non physique : dans *l'homme dont je parle*, *dont* nous offre un exemple de ce rapport d'éloignement, car il indique que c'est de cet homme que mon discours prend en quelque sorte naissance, et qu'il part pour ainsi dire et s'éloigne.

êtres de toute nature : *l'homme qui vient, que j'aime, dont je parle;* la *chose qui me plaît, que j'achète, dont je me sers.* *Où,* lui-même que l'on croit toujours représenter une idée de lieu, s'applique très-bien quand il est attributif aux choses physiques ou morales : *la félicité où il aspire* (académie); au temps : *le moment où je parle;* même aux êtres animés : *les dieux où j'avais mis ma confiance; voilà l'homme où j'avais cru voir un ami.*

Au complétif, c'est tout autre chose : nous y trouvons les quatre formes *qui, quoi, où, quand,* mais tellement distinctes que la première *qui* ne s'emploie que pour l'espèce humaine; la seconde *quoi* pour les choses; la troisième *où* pour les lieux; la quatrième *quand* pour les temps. Cet emploi est même si bien déterminé qu'il est presque toujours inutile d'exprimer l'antécédent. Ex. *Voilà une bonne flûte; de qui est-elle?* (de quel homme?) *de quoi est-elle?* (de quelle chose ? de quelle matière ?) *d'où est-elle ?* (de quel lieu ?) *de quand est-elle?* (de quel temps ?)

Cependant l'antécédent peut aussi être exprimé : *l'homme à qui j'ai promis ma voix; voilà le point sur quoi va rouler la discussion; le lieu par où vous passerez; n'est-ce pas le 8 avril de quand est datée cette lettre?* C'est l'usage qui peut seul faire connaître les tournures plus ou moins employées chez nous.

Notre langue, au reste, ne nous donne pas d'autre exemple de mots qui se déclinent; les autres noms ne font que nommer la chose; leur place décide de leurs relations : il y en a cependant qui ne sont jamais sujets comme *autrui, ailleurs,* etc. ; d'autres qui le sont toujours, comme *on, l'on.* Toutes ces observations appartiennent à la syntaxe.

CHAPITRE IV.

DU VERBE ABSTRAIT.

Il y a à considérer dans le verbe abstrait des *temps* (1) et des *nœufs* [ou *modes*].

(1) La propriété d'indiquer une certaine époque a paru à quelques grammairiens si essentielle au verbe, qu'ils l'ont fait entrer dans la définition de cette partie du discours : *verbum est vox particeps numeri personalis cum tempore* (voy. Sanctius, I, 12). En effet, puisque le verbe désigne l'existence d'un attribut dans un sujet, et que l'existence n'est qu'une succession d'instants, on conçoit que le verbe doit toujours, dans sa signification, comprendre l'idée du temps, de même que les noms, qui représentent des êtres, comprennent nécessairement en eux l'idée du lieu ; mais, selon le génie des langues, ces deux idées peuvent être contenues dans le mot précisément ou d'une manière indéterminée. En sanskrit, en grec, en latin, par exemple, les noms changent de forme suivant que l'idée, dont ils sont compléments *entre* en eux, y *reste* ou en *sort.* Ces changements de formes, qui s'appellent *cas,* indiquent donc d'une manière précise une certaine relation de localité; chez nous, au contraire, ces modifications, quoique virtuellement comprises dans les noms, n'y sont aucunement apparentes, puisque nos noms sont invariables, si ce n'est d'un nombre ou d'un genre à l'autre. Il en est de même des temps dans les verbes; la terminaison indique dans quelques langues si le temps est *présent, futur* ou *passé;* mais on conçoit que cette différence puisse n'être pas marquée ainsi, et dépendre au contraire de l'adjonction de quelques termes. La langue ouolove nous en fournit un exemple ; les verbes comme tous les autres mots y sont absolument invariables ; ils ne marquent les temps qu'à l'aide d'autres mots : ainsi de *def,* faire, INFINITIF, les Ghiolois tirent successivement *def-na,* faire moi; je fais,

— 3r —

. A. *Des temps*.

Les temps sont les formes à l'aide desquelles le verbe détermine une certaine époque : ils sont principaux ou secondaires.

1° Les temps principaux sont ceux qui ne déterminent une époque qu'en la rapportant au seul moment où l'on parle ; ils sont au nombre de trois, savoir le présent, le futur et le passé : *je suis, je serai, j'ai été*. Il est clair qu'il ne peut y en avoir d'autres ; car une époque comparée au moment où l'on parle ne peut être que *simultanée, postérieure* ou *antérieure*.

Mais il peut bien se faire que telle ou telle langue ne les ait pas tous ; en français, par exemple, nous n'avons que le présent et le futur (1).

2° Les temps secondaires sont ceux qui indiquent une double relation, l'une au moment où l'on parle, l'autre à une autre époque déterminée dans le discours ; ainsi dans ces phrases : *j'étais à Paris lorsque vous étiez en Italie ;* les mots *j'étais*, vous *étiez* indiquent un temps passé pour le moment où nous parlons, et présent au moment où se passait la chose dont on parle : *Tibère fut empereur après Auguste*. Le mot *fut* indique un passé relativement au temps où nous sommes et un futur relativement au règne d'Auguste. Ces deux temps, à relation double, s'appellent le premier *imparfait*, le second *prétérit*.

Les temps secondaires peuvent varier selon les langues ; nous n'avons pour nous que les deux temps que je viens d'analyser.

B. *Des mœufs* (2).

Les mœufs sont les diverses manières dont le verbe peut présenter l'idée de l'existence. Ils peuvent toujours se réduire à quatre, l'*infinitif*, le *participe* l'*indicatif*, et le *conjonctif*.

1° L'*infinitif* exprime l'existence d'une manière générale et indéterminée, comme un être abstrait, comme un substantif : *je veux être ; être toujours sage est bien difficile ; j'ai été*. — L'infinitif est toujours du masculin et du singulier, quand il se prend substantivement.

2° Le *participe* exprime cette même existence sous une forme attributive, comme une qualité appartenante à tel ou tel individu:

PRÉSENT; *def-on-na*, faire-jadis-moi, je fis, PRÉTÉRIT ; *de-na-def*, un jour moi faire, je ferai, FUTUR; *de-na-kon-def*, un jour moi-conditionnellement-faire, je ferais, CONDITIONNEL, etc. (Voy. la gramm. ouolove de M. Roger, Paris, 1829, et l'article où il en est rendu compte dans la *Revue encyclopédique*, t. XLII, p. 758.) Fabre d'Olivet a remarqué de même (*Lang. hébraïq. restituée*) que le verbe hébreu était, à proprement parler, invariable, et que l'on formait les temps personnels, savoir, le futur et le passé ; puisque l'hébreu n'a pas de présent, en y accolant quelques formes des pronoms; le verbe exprime alors les deux temps par sa position relativement au pronom, savoir, *antériorité* ou *passé* lorsqu'il est devant lui, et *postériorité* ou *futur* lorsqu'il vient après ; ainsi du verbe *phâl*, faire INFINITIF ; *phâl-thi*, faire-moi, je fis, PRÉTÉRIT ; *u-phâl*, moi-faire, je ferai, FUTUR. Nous pouvons remarquer encore que les noirs et ceux qui commencent l'étude de notre langue affectionnent ces tournures : *moi danser hier, moi venir demain*, etc., qui nous montrent, ainsi que les exemples précités, comment l'idée du temps peut se trouver indéterminément dans le verbe.

(1) Il est entendu que je ne parle que des temps simples ou exprimés en un seul mot.

(2) Je préfère le mot *mœuf* à son synonyme *mode* plus usité aujourd'hui, parce qu'il est particulier à la grammaire, et ne s'emploie jamais dans un autre sens que celui qu'il a ici.

l'homme étant un être sensible. Le participe est donc un véritable adjectif; il a comme tel des genres et des nombres. (1).

3° L'*indicatif* exprime l'existence de l'attribut dans le sujet, d'une manière directe et absolue : *je suis, tu seras, nous étions, ils furent,* etc.; aussi les temps y sont-ils parfaitement précis et déterminés.

4° Le *conjonctif* suppose l'existence subordonnée à une condition, une volonté, un désir; il indique moins des temps que des modes divers, car tous ses temps, à proprement parler, sont futurs; aussi ses formes prennent-elles les noms d'*impératif,* quand on commande : *sois sage;* de *conditionnel,* quand on suppose une condition : *je serais heureux si....;* de *subjonctif,* quand on souhaite ou qu'on doute positivement qu'une chose soit : *je souhaite, je veux, il faut que vous soyez sage;* d'*optatif,* quand il y a incertitude même dans le souhait ou la volonté : *je voulais, il faudrait que vous fussiez sage.*

Ces deux derniers modes, l'*indicatif* et le *conjonctif,* appliquant toujours l'existence à des sujets dont la personne est déterminée, reçoivent à chaque temps six inflexions, dont trois pour le singulier et trois pour le pluriel; on les appelle donc *mœufs personnels.*

L'*infinitif* et le *participe* s'appellent au contraire *mœufs impersonnels,* ou *mœufs indéfinis,* par opposition aux deux autres, qu'on nomme alors *modes définis.*

Cette réunion de toutes les formes de temps, de modes, de personnes d'un seul verbe s'appelle sa *conjugaison;* voici celle du verbe abstrait :

(1). On conçoit fort bien que le participe est un adjectif, puisqu'on le voit comme lui déterminer des noms, et s'accorder avec eux. On ne voit pas aussi facilement que l'infinitif soit un véritable substantif; 1° parce que nous ne lui accolons pas ordinairement l'article; 2° parce qu'il n'est presque jamais sujet de la phrase en français; 3° parce que toutes nos prépositions ne peuvent pas le prendre pour complément.

On peut répondre d'abord que l'infinitif, en cela, se comporte comme les noms abstraits dont nous avons parlé ci-dessus; mais d'ailleurs toutes ces objections sont locales, et par conséquent, ne touchent en rien à la nature du mot. Ainsi, quant à l'emploi de l'article, on sait que les Grecs déclinaient leur infinitif à l'aide de leur article neutre, *to, tou, tô, tô;* que cette tournure revient à tout moment en italien et en espagnol; qu'elle est même assez commune chez nous, et que Lafontaine a dit (liv. VIII, f. 2):

> Et le financier se plaignait
> Que les soins de la Providence
> N'eussent pas au marché fait vendre *le dormir,*
> Comme *le manger* et *le boire.*

Quant à ce qu'il n'est pas ordinairement sujet de préposition, nous verrons plus tard que cela tient à la formule *il est..... de.....* par laquelle nous avons remplacé la tournure latine ou grecque qui le prenait toujours pour nominatif.

Enfin, quant au non-emploi de quelques prépositions devant lui, c'est une suite de l'habitude des latins qui, n'ayant pas d'infinitif variable, aimaient mieux, après une préposition, employer le gérondif. Au reste, la nature substantive de l'infinitif ne paraît nulle part mieux que dans la langue hébraïque qui, en plaçant devant lui les préfixes *me, be, la,* le décline à la façon des noms ordinaires ;

Ani   nnous-thi-ou   me-mélakh   ôl-Issinal.
Moi   rejeté ai-je lui   du-regner   sur-Israël.

Ou-idi   b-ekharith   Aïzabel   ath-noubiaï   Iéoué.
Et il arriva dans-le-faire périr Jósabel   les prophètes   de Dieu.

Ath-i   ssilah   Iéoué   la-messih-kh   la-melakh   ôl——om——ou.
M'   renvoyé Dieu· pour-oindre toi   pour-regner   sur le peuple de lui.

CONJUGAISON DU VERBE *ÊTRE.*

MŒUFS IMPERSONNELS.

INFINITIF.	PARTICIPE.
Présent.	*Présent.*
Être.	Étant, te.
Passé.	*Passé.*
Été.	Été, ée.

MŒUFS PERSONNELS.

INDICATIF.	CONJONCTIF.
Présent.	*Impératif.*
Je suis.	Sois-je.
Tu es.	Sois.
Il, elle est.	Soit, soit-il, soit-elle.
Nous sommes.	Soyons.
Vous êtes.	Soyez.
Ils, elles sont.	Soient, soient-ils, elles.
Futur.	*Conditionnel.*
Je serai.	Je serais.
Tu seras.	Tu serais.
Il, elle sera.	Il, elle serait.
Nous serons.	Nous serions.
Vous serez.	Vous seriez.
Ils, elles seront.	Ils, elles seraient.
Imparfait.	*Subjonctif.*
J'étais.	Je sois.
Tu étais.	Tu sois.
Il, elle était.	Il, elle soit.
Nous étions.	Nous soyons.
Vous étiez.	Vous soyez.
Ils, elles étaient.	Ils, elles soient.
Prétérit.	*Optatif.*
Je fus.	Je fusse.
Tu fus.	Tu fusses.
Il, elle fut.	Il, elle fût.
Nous fûmes.	Nous fussions.
Vous fûtes.	Vous fussiez.
Ils, elles furent.	Ils, elles fussent.

Il y a sur cette conjugaison quelques observations à faire :

(a) Les participes variables *étant, étante, été, étée,* employés autrefois, sont aujourd'hui tout-à-fait inusités : on pourrait cependant en philosophie, par exemple, opposer une *faculté étante* à une *faculté étée.*

(b) La première personne de l'impératif employée dans cette formule, *sois-je du ciel écrasé si je mens,* peut être regardée comme appartenant au subjonctif, comme *puissé-je.*

(c) Quelques grammairiens donnent le paradigme de la conjugaison négative et de la conjugaison interrogative : il me semble suffisant de dire :

1° On conjugue *négativement* en plaçant toujours le temps variable du verbe entre *ne* et *pas* : *n'être pas, je ne suis pas, tu ne seras pas.*

2° On conjugue *interrogativement* en mettant le pronom après le verbe : *suis-je? es-tu? serions-nous? fussent-ils?*

3° On conjugue *interrogativement* et *négativement* en plaçant le pronom immédiatement après le verbe dans la conjugaison négative : *ne suis-je pas? ne serais-tu pas? ne serons-nous pas?*

Toutes ces conjugaisons sont donc extrêmement régulières et ne supposent pas du tout, de la part de l'élève, l'obligation d'apprendre une nouvelle suite de formes verbales, ni d'en consulter un nouveau tableau.

CHAPITRE V.

DES VERBES CONCRETS.

Les verbes concrets joignent à l'idée de l'existence celle d'un attribut exprimé par leur participe présent : ainsi *je frappe* est équivalent à *je suis frappant.* Cet attribut s'appelle *l'idée propre* du verbe.

Les verbes concrets ont dû naturellement recevoir les mêmes accidents de *temps*, de *modes*, de *nombres*, de *personnes* que le verbe abstrait, puisqu'on peut toujours les décomposer en leur participe accompagné du verbe *être;* mais ils ont admis une nouvelle modification entièrement dépendante de leur idée propre, et que l'on appelle *voix* : nous en parlerons plus tard.

Nous allons, avant tout, nous occuper des *formes verbales* de la *formation des temps*, des *verbes irréguliers*, et des *temps composés.*

A. *Des conjugaisons françaises.*

Les *temps*, les *modes*, les *nombres*, les *personnes* sont représentés en français par les terminaisons : de sorte qu'en ajoutant successivement les terminaisons de chaque temps à son radical, on formerait les trois personnes de ses deux nombres.

On sait déjà que le *radical* est, dans un mot déclinable, la partie qui reste invariable : dans les verbes français, les radicaux de chaque temps dépendent tous de cinq formes primitives ; savoir : *l'infinitif présent* et *passé*, le *participe présent*, le *présent* et le *prétérit* de *l'indicatif;* ils s'en déduisent par un artifice assez simple que nous exposerons après notre tableau général.

Mais, en jetant un coup-d'œil sur celui-ci, on reconnaît bientôt que, s'il y a des temps dont les terminaisons sont toujours semblables, comme le *futur* et l'*imparfait*, d'autres, au contraire, ont jusqu'à quatre formes différentes, comme le *prétérit* de l'*indicatif* et l'*optatif.*

Ces suites de terminaisons diverses s'appellent *conjugaisons* : on les range en autant de classes qu'il s'en trouve dans la langue, et alors il faut observer que, d'après ce qui vient d'être dit, le nombre des conjugaisons variant d'un temps à l'autre, un verbe peut fort bien ne pas appartenir partout à la même, en sorte que le tableau suivant, où j'ai réuni toutes les terminaisons possibles des verbes français, n'indique que d'une manière générale et incomplète le choix qu'il en faut faire et que l'usage seul et la lecture peuvent apprendre.

TABLEAU GÉNÉRAL DES CONJUGAISONS FRANÇAISES.

MOEUFS IMPERSONNELS.

INFINITIF.	PARTICIPE.
Présent.	*Présent.*
er. ir. oir. re.	ant, te.
Passé.	*Passé.*
é, i, u, t, s.	é, ée; i, ie; etc.

MOEUFS PERSONNELS.

INDICATIF. — **CONJONCTIF.**

Présent.		*Impératif.*	
e.	s.	«	«
es.	s.	e.	s.
e.	t.	«	«
	ons.		ons.
	ez.		ez.
	ent.		«

Futur.	*Conditionnel.*
rai.	rais.
ras.	rais.
ra.	rait.
rons.	rions.
rez.	riez.
ront.	raient.

Imparfait.	*Subjonctif.*
ais.	e.
ais.	es.
ait.	e.
ions.	ions.
iez.	iez.
aient.	ent.

Prétérit. — *Optatif.*

ai.	is.	us.	ins.	asse.	isse.	usse.	insse.
as.	is.	us.	ins.	asses.	isses.	usses.	insses.
a.	it.	ut.	int.	ât.	it.	ût.	int.
âmes.	îmes.	ûmes.	inmes.	assions.	issions.	ussions.	inssions
âtes.	îtes.	ûtes.	intes.	assiez.	issiez.	ussiez.	inssiez.
èrent.	irent.	urent.	inrent.	assent.	issent.	ussent.	inssent.

B. *Formation des temps.*

Nos verbes les plus complets contiennent douze temps, comme on le peut voir dans le tableau précédent : sur ces douze temps, cinq sont *primitifs*, c'est-à-dire que, n'étant formés d'aucun, ils aident à former les autres : ce sont, avons-nous dit, le *présent* et le *passé* de l'*infinitif*, le *participe présent*, le *présent* de l'*indicatif* et son *prétérit*. Les autres temps s'appellent *dérivés;* ils se déduisent des primitifs d'après les règles suivantes :

(a) Le présent de l'infinitif forme le futur de l'indicatif en changeant *r* en *re* ou *rai* : *finir*, je *finirai; rendre* je *rendrai;* mais 1° dans la première conjugaison l'*e* final fermé *er* devient muet dans *erai*, et se mange après une voyelle : *parler*, je *parlerai; prier*, je *prirai; louer*, je *loûrai*, pour je *pricrai*, je *louerai*. 2° Dans la deuxième conjugaison, si l'infinitif est en *enir* par un *e* muet, l'*i* passe devant lui, et on intercalle le *d* euphonique : ainsi *tenir*, je (*tenirai*, *tienrai*), *tiendrai; venir*, je *viendrai*. 3° Dans la troisième conjugaison, on retranche *oi* devant *rai : mouvoir*, je *mouvrai; recevoir*, je *recevrai* : s'il y a un *a* dans la syllabe précédente, il éprouve toutes les contractions possibles : *avoir* (j'*avrai*), j'*aurai; savoir* (je *savrai*), je *saurai* : s'il y a un *l* après l'*a*, *al* se contracte en *au* et on intercalle le *d* euphonique : *valoir*, je *vaudrai; falloir*, il *faudra;* et de même *vouloir*, je *voudrai*, pour je *voul-drai*. 4° Pour la quatrième, changez *re* en *rai : plaire*, je *plairai*, excepté *faire*, je *ferai* et ses composés.

Les autres personnes se forment de la première par les changements de lettres indiqués dans notre tableau.

Le *conditionnel* se forme sans exception de la première personne du futur en ajoutant *s*, et ouvrant la voyelle *ai* fermée dans le futur, j'*aimerai*, j'*aimerais*.

(b) L'infinitif passé forme le participe passé en devenant déclinable: *aimé* invariable, forme *aimé*, *aimée*, *aimés*, *aimées;* cette formation est sans exception : nous voyons même que la ressemblance constante de ces deux temps les a fait prendre l'un pour l'autre (1).

(c) Le participe présent forme : 1° l'imparfait de l'indicatif, en changeant *ant* en *ais : allant*, j'*allais; recevant*, je *recevais*. 2° Les

(1) Nous verrons ailleurs (Syntaxe, sect. I, ch. I, c.) que toutes les difficultés de la prétendue théorie des participes ne viennent que de la confusion de ces deux formes. On ne trouvera donc pas inutiles les observations suivantes :

Le participe passif latin, véritable adjectif et par conséquent variable dans ses genres et dans ses nombres, pouvait, selon le génie de la langue latine, passer à la forme absolue, c'est-à-dire prendre la force d'un nom abstrait, neutre et singulier : il s'appelait alors *supin :* sa forme et celle du participe neutre étaient donc évidemment semblables, et cette similitude a passé dans toutes les langues de l'Europe moderne, qui ont tiré de ces deux temps leur infinitif et leur participe passés; mais leurs natures et leurs fonctions dans le langage ne sont pas moins très-différentes. Il ne faut donc pas se laisser imposer par la ressemblance accidentelle de deux temps qui n'ont de commun que la forme [voy. ci-dessous, VOIX DES VERBES, note du (c)], et qui ne doivent cette parité qu'à l'analogie bien naturelle des mots d'où ils viennent. Aussi, dans le grec moderne qui, pendant le bas-empire et depuis la domination mahométane, a pris du latin plusieurs formes syntaxiques, et entre autres la composition de quelques temps passés à l'aide du verbe *ékhi* avoir, mais qui ne lui doit pas les formes simples de ses verbes, a donné pour complément à l'auxiliaire non pas le participe, mais l'aoriste (ou passé) de l'infinitif. Ex, *Hi phisis ton tkhê dhósi pnévma loghicótaton, kê tin oxtnian hi hopla kharactirîzi tous Héllinas* (Mich. SCHINAS, éloge de Botzaris, p. 13). La nature lui avait donné (*tkhê dhósi* et non pas *dhosménon*) un jugement droit et cette pénétration d'esprit qui caractérise les Grecs. (Voy. au reste sur cette composition de temps, syntaxe, sect. I, ch. I ; c.)

trois personnes du pluriel du présent de l'indicatif, en changeant *ant* en *ons, ez, ent : rendant*, nous *rendons*, vous *rendez*, ils *rendent;* mais si la pénultième syllabe du participe présent est un *e* muet, comme il se trouverait à la troisième personne du pluriel deux voyelles muettes de suite, *appelant*, ils *appé-lent; recevant*, ils *rece-vent*, ce que nous avons dit ne devoir jamais être (p. 9), on reprend pour pénultième la voyelle des personnes du singulier : *appelant*, j'*appelle*, ils *appellent; recevant*, je *reçois*, ils *reçoivent:* de même, *tenant*, je *tiens*, ils *tiennent; prenant*, je *prends*, ils *prennent.* La même règle a lieu par analogie pour les verbes dont le participe présent a pour voyelle préfinale les sons sourds *u, ou:* si le singulier du présent a une autre voix pour dernière voyelle sonore : *mouvant*, je *meus*, ils *meuvent; buvant,* je *bois*, ils *boivent.* 3° Le participe présent forme encore les deux personnes du pluriel de l'impératif, qui ne sont que les personnes correspondantes du présent de l'indicatif sans le pronom : *nous sortons, sortons; vous venez, venez.* Ce qu'on appelle troisième personne de l'impératif soit au singulier, soit au pluriel, appartient au subjonctif. 4° Enfin le participe présent forme le subjonctif en changeant *ant* en *e, es, e, ions, iez, ent;* mais les trois personnes du singulier et la dernière du pluriel étant terminées par des syllabes muettes, on est, comme à l'indicatif, obligé de reprendre la voyelle du singulier du présent dans les verbes indiqués précédemment : *appelant*, que nous *appelions*, et que j'*appelle; recevant*, que nous *recevions*, et que je *reçoive; buvant*, que nous *buvions*, et que je *boive*, etc.

Rem. Il faut observer qu'il y a en français quelques verbes qui ont deux participes présents (1), usités ou inusités, et le plus souvent employés l'un comme participe, l'autre comme adjectif : ainsi *avoir* fait *avant* (inusité) et *ayant; pouvoir* fait *pouvant* et *puissant; savoir, savant* et *sachant; valoir, valant* et *vaillant; vouloir, voulant* et *veuillant,* que l'on retrouve dans *bien-veuillant, malveuillant* (2). Dans ce cas, les temps de l'indicatif, le pluriel du présent et l'imparfait tout entier se tirent de l'un d'eux; l'impératif et le subjonctif de l'autre : ainsi de l'inusité *avant,* viennent nous *avons,* vous *avez,* j'*avais,* etc., de *ayant, aie, ayons,* que j'*aie,* etc.; de *pouvant,* nous *pouvons,* je *pouvais,* etc.; de *savant,* nous *savons,* je *savais;* de *valant,* nous nous *valons,* je *valais,* etc., de *voulant,* nous *voulons,* je *voulais,* etc., et au contraire des secondes formes *puissant, sachant; vaillant, veuillant;* les formes du subjonctif et de l'impératif que je *puisse,* que je *sache,* que je *vaille,* que je *veuille,* etc. (3).

(d) Le singulier du présent de l'indicatif est un temps primitif; il

---

(1) C'est pour avoir ignoré l'existence de cette double forme que tant de grammairiens ont donné comme irrégulières ces personnes nous *savons,* je *savais,* etc. qui ne le sont pas du tout.

(2) J'écris ici *bienveuillant, malveuillant;* c'est l'ancienne orthographe, comme on le voit dans cette phrase d'Amyot : *Avoir été nourris ensemble est comme un lien qui estraint ou un tour qui roidit la bienveuillance* (OEuv. mor. de Plut., préf. du t. 2). J'oserai dire que cette orthographe est aussi la bonne; car un homme *bienveillant* est un homme qui *veille* bien, et non qui nous *veut* du bien.

(3) On prend ordinairement pour la première et la seconde personnes du pluriel du subjonctif que *nous voulions,* que *vous vouliez :* je crois que c'est à tort; ces deux personnes appartiennent à l'imparfait de l'indicatif, et l'analogie, d'accord avec nos règles, appelle au subjonctif que *nous veuillions,* que *vous veuilliez,* qu'*ils veuillent.*

he forme que le singulier de l'impératif par la suppression du pronom : *tu finis, finis; tu sors, sors;* dans la première conjugaison , on ôte de plus l's final : *tu aimes, aime; tu vas, va.*

Le pluriel de ces temps n'est pas primitif ; nous venons de voir sa formation, et en même temps celle du pluriel de l'impératif.

(e) Le prétérit de l'indicatif forme l'optatif en ajoutant *se* à la seconde personne : *tu aimas,* que *j'aimasse; tu finis,* que je *finisse; tu reçus,* que je *reçusse; tu tins,* que je *tinsse* : cette règle est générale.

Telle est la formation des temps dans notre langue ; il est clair qu'elle suppose connus les cinq temps primitifs, mais qu'elle ne nous donne aucune règle pour les déduire tous d'une forme unique. Il faut donc généralement les savoir par cœur, et c'est ce que doit nous apprendre un bon dictionnaire étymologique. En attendant, nous pouvons remarquer que presque tous les verbes en *er,* c. à d. l'immense majorité des verbes français, conservent partout le même radical, et que la plupart des verbes en *ir,* comme *finir, obscurcir,* c'est-à-dire les plus communs après les verbes en *er,* ne changent leur radical qu'au participe présent et aux temps qui s'en forment, parce que le changement d'*ir* en *issant* (*finir, finissant*) y amène une syllabe de plus.

C. *Verbes irréguliers.*

Les verbes sont réellement irréguliers lorsque les temps secondaires ne se déduisent pas immédiatement des primitifs selon les règles que nous avons exposées.

Cependant parmi ces irrégularités mêmes il y en a qui ne sont qu'apparentes, et qui dépendent des règles orthographiques données ci-dessus ; telles sont les prétendues exceptions suivantes :

1° Les verbes en *ger* et en *cer* prennent devant l'*a* et l'*o,* les premiers un *e* muet, les seconds une cédille : cette règle prouve la régularité de notre langue ; car sans cela on arriverait aux temps je *partagais,* je *tracais* qu'il faudrait prononcer comme je *distinguais,* je *traquais.*

2° Les verbes qui ont un e muet au participe présent prennent un accent ou doublent leur consonne dans les temps qui s'en forment et dont la dernière syllabe est muette : ainsi *appelant,* que *j'appelle; achetant,* que *j'achète;* sans quoi il y aurait deux syllabes muettes de suite, ce qui n'est pas possible. (Voy. p. 9.)

3° Les verbes terminés en *yer* remplacent l'*y* par un *i* devant l'*e* muet : ainsi *employer,* j'*emploie; effrayer,* j'*effraie,* etc., parce que la semi-voyelle *y* indique une nouvelle articulation et qu'on ne veut pas l'appuyer sur une syllabe muette. Les mêmes verbes par la même raison changent l'*y* en *i* et retranchent l'*e* au futur : *effrayer,* j'*effraîrai;* car à ce temps, comme nous l'avons vu, l'*e* muet se mange par la voyelle précédente, et par conséquent l'enclitique *y* ne s'appuierait sur rien.

Ce ne sont donc pas là de véritables anomalies : mais tout au contraire la preuve de la régularité de notre langue, et des efforts que l'on a faits de tout temps pour concilier l'orthographe et la prononciation.

Mais il y a quelques irrégularités réelles et qui doivent être notées dans un cours de grammaire ; par exemple il y en a qui tombent sur un temps entier : ainsi *faire* donne au subjonctif je *fasse ; aller* donne au même temps j'*aille*, quoiqu'ils aient pour participe l'un *faisant*, l'autre *allant*. D'autres ne sont irréguliers qu'à quelques personnes : *dire* fait *vous dites* et non *vous disez ; faire, vous faites* et non *vous faisez ; avoir, ils ont* et non *ils avent*, etc. Il ne faut pas négliger de les faire connaître. Enfin il y a un certain nombre de verbes qui n'ont ni tous leurs temps ni toutes leurs personnes : on les appelle *défectifs* (ou manquants). Plusieurs d'entre eux méritent d'être notés, et ils entreront dans la liste ci-dessous ; mais je n'y mettrai pas ces mots sans intérêt, comme *chancir, chauvir, ombroir, liçoir* (1), qu'il n'est pas impossible de trouver dans quelques dictionnaires, mais qui sont aujourd'hui tellement hors d'usage qu'on en comprend à peine le sens.

Il ne faut aussi chercher dans cette liste que les mots racines ; les composés se conjuguant comme leurs simples, je ne les noterai que dans le cas où ils s'en écarteraient : on n'aura pas de peine à appliquer au mot *accourir* toutes les irrégularités de *courir*, etc.

A la suite des verbes défectifs les lettres L. R. M. indiqueront que le reste manque ; *etc.* après une personne d'un temps voudra dire qu'il faut conjuguer tout le temps, à partir de cette personne, selon les règles ordinaires ; L. R. R. signifieront que le reste du verbe est régulier.

LISTE ALPHABÉTIQUE DE VERBES IRRÉGULIERS.

Aller, allant, allé ; IND. PRÉS. *je vais, tu vas, il va, nous allons, vous allez, ils vont ;* IMPÉR. *va ;* SUBJ. *que j'aille.* Ce verbe prend son futur et son conditionnel de l'inusité *ir : j'irai,* etc., *j'irais,* etc. L. R. R.

Apparoir, vieux mot remplacé par *apparaître :* PART. PRÉS. *apparent, te ;* IND. PRÉS. *il appert.* L. R. M.

Ardre, ardent pour *ardant, ars ; j'ars, tu ars, il art :* IMPÉR. *ardez ;* SUB. *que j'arde.* L. R. M.

Aveindre, aveint, aveignant, et les temps qui s'en forment. L. R. M.

Avoir, eu, avant (inusité) et *ayant ;* IND. PRÉS. *j'ai, tu as, il a, nous avons, vous avez, ils ont ;* FUTUR. *j'aurai,* etc. PRÉT. *j'eus,* etc. L. R. R.

Benir, PART. PASSÉ, *bénit, ite* en parlant des cérémonies de l'église, *eau bénite ;* partout ailleurs c'est *béni :* il est régulier.

Bouffir (enfler) n'a d'usage qu'au participe et à l'infinitif passé et aux troisièmes personnes.

Braire, brayant, je *brais* n'a que les temps qui se dérivent de l'infinitif et du participe présent.

Bruire, bruyant ou *bruissant ;* IND. PRÉS. ils *bruyent* ou *bruissent ;* IMP. ils *bruyaient* ou *bruissaient.* L. R. M.

Chaloir (importer), IND. PRÉS. il *chaut.* Ce mot n'est employé que dans la phrase *il ne m'en chaut.* L. R. M.

Choir, autrefois *cheoir* (cadere) ; les temps prim. tout-à-fait inusités sont *chu, chéant, chois, chus ;* FUT. je *cherrai.*

Clore, je *clos, tu clos, il clot ;* FUT. je *clorai,* etc. ; IMPÉR. *clos ;* PART. *clos, close.* L. R. M.

____

(1) De *licere,* être permis ; on trouverait peut-être difficilement ce verbe ailleurs que dans ces vers d'Amyot (épît. au roi) :

Celui auquel ce qu'il veut loit
Veut toujours plus que ce qu'il doit.

Comparoir, PART. PRÉS. *comparant.*
L. R. M.

Condouloir (actif et réfléchi).
L. R. M.

Conster, il *conste.* L. R. M.

Contrire n'a que le participe *con-trit.* L. R. M.

Courir, *couru*, *courant*, je *cours*, je *courus* tire son futur de *courre*, je *courrai*, etc. L. R. R.

Courre, vieux verbe, *courre le cerf*, *courre le chevreuil.* L. R. M.

Cuire, *cuit*, *cuisant*, je *cuis*; le prétérif et l'optatif sont peu usités.

Déchoir. Voy. *Choir.*

Déconfire n'a que le participe *déconfit* et l'infinitif.

Dire, *dit*, *disant*, je *dis*, je *dis*; IND. PRÉS. vous *dites* L. R. R. Ses composés, excepté *redire*, sont réguliers même à cette personne, *vous me contredisez*; *vous vous dédisez*; *maudire* fait *maudissant* au part. prés. Voy. ce mot.

Douloir (se). L. R. M.

Echoir, verb. impersonnel. Voy. *choir.*

Eclore, *éclos*; IND. PRÉS. il *éclot*, ils *éclosent*; FUT. j'*éclorai*, etc. ; IMPÉR. *éclos.* L. R. M.

Enclore. Voy. *clore* et *éclore.*

Envoyer forme son futur comme s'il venait d'*envoir*, j'*enverrai*, etc. L. R. R.

Etre, *été*, *étant*; IND. PRÉS. je *suis*, tu *es*, il *est*, nous *sommes*, vous *êtes*, ils *sont*; IMPÉRAT. et SUBJONCT. *sois*, *soyons*, etc. ; IMP. j'*étais*, etc. ; FUT. je *serai*, etc.; CONDITION. je *serais*, etc.; PRÉT. je *fus*, etc.; OPTATIF je *fusse.* Voy. sa conjug. p. 33.

Exclure, *exclu* et *exclus*, *excluant*, j'*exclus*, j'*exclus.* L. R. R.

Faire, *fait*, *fesant* ou *faisant*; IND. PRÉS. je *fais*, tu *fais*, il *fait*, nous *fesons*, vous *faites*, ils *font*; FUT. je *ferai*, etc.; PRÉT. je *fis*, etc.; IMPÉR. *fais*, *fesons*, *faites*; SUBJ. je *fasse*, etc. L. R. R.

Faillir, *failli*, *faillant*, je *faux*, je *faillis*; FUT. je *faudrai.*

Falloir, *fallu*, il *faut*, il *faudra*, il *fallait*, il *fallut*; SUBJ. il *faille.* L. R. M.

Ferir, *féru.* L. R. M.

Florir, *florissant*, je *florissais*, etc. L. R. M.

Forclore, *forclos*, ose. L. R. M.

Frire, *frit*, je *fris*; n'a pas de part. présent, ni de prétérit, ni les temps qui s'en forment.

Geindre, *geignant*, il *geint*, il *geignait.* L. R. M.

Gésir (*jacere*), *gisant*; IND. PRÉS. il *gît* (ci-gît), ils *gisent*; IMP. il *gisait*, ils *gisaient.* L. R. M.

Imboire n'a que le part. pass. *imbu.*

Inclure n'a que le part. *inclus*, use.

Innaitre n'a que le partic. *inné*, ée.

Ir (*ire*, aller) n'a que le futur j'*irai* et le conditionnel j'*irais* (1). Voy. *aller.*

Issir, *issant*, *issue.* L. R. M.

Luire, *lui*, *luisant*, je *luis.* Le prétérit et l'optatif manquent.

Maudire. Voy. *dire*, excepté au participe présent *maudissant* et aux temps qui s'en forment : nous *maudissons*, etc. L. R. R.

Mordre, *mordu* ou *mors* (vieux), *mordant*, je *mords*, je *mordis.* R.

Mourir, *mourant*, *mort*, je *meurs*, je *mourus*; FUT. je *mourrai.* L. R. R.

Ouïr (*audire*) n'a que l'infinitif et le participe passé *ouï*, *ouï-dire* (2).

Paître, *paissant*, je *pais*, et les temps qui viennent de ceux-là: L.R.M. Son composé *repaître* prend l'infinitif passé *repu*, et le prétérit je *repus.*

Perclure n'a que le participe *perclus*, use.

Pourvoir fait son futur comme s'il venait de *pourvoyer*, je *pourvoirai*, etc. ; PRÉTÉR. je *pourvus.* Pour le reste voy. *voir.*

Pouvoir, *pu*, *pouvant* et *puissant*; IND. PRÉS. 1re PERS. je *peux* ou *puis*; 2e PERS. tu *peux*, il *peut*; PRÉTÉR. je *pus*; FUT. je *pourrai.* L. R. R.

---

(1) Le verbe *ir* qui se retrouve dans les composés *périr*, *dépérir*, *subir*, *transir*, et dans beaucoup de dérivés, comme *circuit*, *introït*, *obit*, *prétérit*, etc., nous explique parfaitement une formation de mots très-remarquable dans notre langue, et dont voici la règle : un substantif ou un adjectif d'une seule syllabe sonore, seuls ou précédés, selon le cas, de l'une des prépositions *à*, *de*, *en*, forment très-souvent, par l'addition de la terminaison *ir*, un verbe indiquant passage d'un état à un autre ; ainsi *gros*, *grossir*; *grand*, *grandir*, *agrandir*; *bout*, *aboutir*; *gourd*, *dégourdir*; *noble*, *ennoblir*, etc.

(2) On retrouverait dans nos vieux auteurs tous les temps et toutes les personnes de ce verbe si nécessaire et si mal remplacé par le verbe *entendre* qui n'a pas le même sens.

Prévaloir, prévalu, prévalant et non *prévaillant;* SUB. que je·*prévale.* Pour le reste, voy. *valoir.*

Prévoir fait son futur comme s'il venait de *prévoyer,* je *prévoirai,* etc. Pour le reste, voy. *voir.*

Quérir (quærere), quis, quérant, je *quiers,* je *quis;* inusité comme simple; tire son futur je *querrai* du verbe suivant.

Querre (1), vieux verbe n'a que le futur je *querrai.*

! *Raire, rayant,* ils *rayent,* en parlant des cerfs. L. R. M.

Ramentevoir, vieux mot qui signifie se souvenir, se rappeler. L. R. M.

Reclure n'a que le partic. *reclus, recluse.*

Renvoyer, cherch. *Envoyer.*

Savoir, su, savant et *sachant,* je *sais,* je *sus;* FUT. je *saurai.* L. R. R.

Semondre, vieux mot qui signifie inviter. L. R. M.

Soudre (inusité comme simple, mais usité dans ses composés *absoudre, dissoudre, résoudre*), *solu* et *sous, solvant,* je *sous,* je *solus* (2).

Souloir, vieux mot qui veut dire avoir coutume; imp. il *soulait.* L.R.M.

Sourdre (surgere), troisième personne de l'indicatif: *l'eau sourd.* L.R.M.

Souvenir. Voy. *venir,* employé comme impersonnel: *il me souvient, il te souvient, il lui souvient,* etc.

Surseoir, sursis, sursoyant, je *surseois,* je *sursis,* FUT. je *sursoierai,* etc.

Tordre, tordu, ou *tors* (vieux) *tordant,* je *tords,* je *tordis.* L. R. R.

Traire, trait, trayant, je *trais,* je *trayis.* Le prétérit et l'optatif de ce verbe et de ses composés *abstraire, soustraire, extraire,* etc. sont très-peu usités (3).

Vaincre, vaincu, vainquant; IND. PRÉS. je *vaincs,* tu *vaincs,* il *vainc,* etc. PRÉT. je *vainquis,* etc. L. R. R.

Valoir, valu, valant et *vaillant,* je *vaux,* je *valus;* FUT. je *vaudrai.* L.R.R.

Venir, venant, venu, je *viens,* je *vins.*

Vivre, vécu, vivant, je *vis;* PRÉT. je *vécus,* ou *véquis* (vieux).

Voir, anciennement *véoir* (4), *vu, voyant,* je *vois,* je *vis;* FUT. je *verrai,* etc. L. R. R.

Voudre (du latin *volvere,* comme *soudre* de *solvere*) inusité comme verbe, mais employé dans les participes composés *dévolu, révolu.* Ses temps primitifs seraient *voudre, volu, volvant,* je *vous,* je *volus.*

Vouloir, voulu, voulant et *veuillant,* je *veux,* je *voulus;* FUT. je *voudrai.* L. R. R.

---

(1) Thibaut de Champagne, poëte du XIII⁰ siècle, disait pour exciter les Français à la croisade :

> Ki a en soi pitié et ramémbrance
> Au haut seignor doit *querre* sa venjance.

Quérir et *courir* sont donc réellement des verbes allongés qui n'ont pas d'autres temps qu'eux-mêmes, et qui remplacent les infinitifs *courre* et *querre.*

(2) Le prétérit *solus* ne se trouve habituellement que dans le composé *résoudre* : *je résolus*; on ne s'en sert pas ordinairement dans les composés *absoudre* et *dissoudre.* Est-ce une raison pour croire qu'il n'y existe pas? et le manque d'usage suffit-il pour autoriser quelques grammairiens à imaginer les prétérits *j'absolvis, je dissolvis,* sous prétexte que, dans un grand nombre de verbes en *re,* le prétérit a de l'analogie avec le participe présent? je ne le crois pas; si les analogies ne sont pas trompeuses, et tant qu'il n'y a pas de règle précisément contraire, la présence du prétérit *je résolus,* dans le composé *résoudre,* prouve l'existence de ce même prétérit dans le simple, d'où il doit passer dans les autres composés; je n'hésiterais donc pas à dire, quoique les mots ne soient pas usités : *à peine eut-il parlé qu'on l'absolut tout d'une voix; je voudrais que vous dissolussiez un peu de cuivre dans l'acide nitrique,* etc.

(3) Quoique le prétérit et l'optatif de *traire* et de ses composés soient en effet peu usités, il ne faut pas croire non plus qu'ils n'existent pas. Joinville dit (*Hist. de Saint-Louis,* p. 59.) : *Et nous traîmes tout souef vers li,* c. à d. et nous tirâmes (marchâmes) tout doucement vers lui. Il est important, si je ne me trompe, de conserver aux anciens verbes français toutes les formes qu'ils ont possédées jadis et que l'inaccoutumance a fait perdre.

(4) Les futurs je *verrai,* je *cherrai* sont donnés comme irréguliers; ils ne le sont que dans

D. *Composition des temps.*

Jusqu'à présent nous n'avons considéré de nos verbes que les formes simples ou exprimées en un seul mot; mais elles ne sont pas les seules, et nous parvenons à indiquer jusqu'aux plus petites nuances du temps à l'aide de nos *auxiliaires.*

Ces verbes ainsi nommés de leur usage, parce qu'ils nous *aident* (*auxiliantur*) à exprimer de nouvelles modifications de temps, sont au nombre de cinq : *être, avoir, devoir, aller* et *venir* (*de*). Les trois derniers veulent après eux l'infinitif présent ; *avoir* demande après lui l'infinitif passé ; *être* ne s'unit qu'au participe passé, de telle sorte que, dans les verbes qui n'ont pas d'infinitif passé, on remplace *avoir* par *être*, et par conséquent ces deux auxiliaires n'y font pas double emploi.

Rien de plus aisé que la composition des formes nouvelles : au dessous de chaque temps simple du verbe, par exemple, l'imparfait je *frappais*, placez le même temps des auxiliaires (je *devais*, j'*allais*, j'*avais* ou j'*étais*, je *venais de*) suivi selon le cas de l'infinitif présent (avec *devoir, aller, venir de*), ou de l'infinitif passé avec *avoir*), ou du participe passé (avec *être*); vous ferez ainsi correspondre à chaque temps du verbe primitif quatre formes composées, dont deux (celles où entrent *devoir* et *aller*) projettent l'idée du verbe dans un temps futur, et les deux autres (celles où entrent *avoir* ou *être* et *venir de*) la supposent passée.

Seulement il faut remarquer que les temps futurs ou passés, indiqués par *devoir* et *avoir* ou *être*, sont tout-à-fait indéterminés, je *dois danser*, j'*ai dansé*, je *suis tombé*; au contraire, les temps marqués par *aller* et *venir de* sont toujours prochains, je *vais danser*, je *viens de danser.*

La nomenclature de ces noms peut donc être aussi simple que leur composition; on commence par énoncer le temps simple de l'auxiliaire, et on y ajoute, pour déterminer la nature du temps, une de ces quatre phrases, dont chacune correspond à un des verbes auxiliaires : *futur indéterminé* (devoir); *futur prochain* (aller); *passé indéterminé* (avoir ou être); *passé prochain* (venir de).

Sans donner une grande importance à ces noms ordinairement peu utiles, on voit combien notre conjugaison s'augmente par cette nouvelle combinaison de mots, et qu'en donnant seulement les premières personnes de chaque temps, elle remplit néanmoins le tableau suivant (1).

leur orthographe. Il faudrait écrire je *vérai*, je *chérai*; car on écrivait autrefois *véoir*, *chéoir*. Ainsi Thibaut de Champagne a dit (ode citée) :

> Biau sire Diex, ostez-nous tel pensée,
> Et nos metez en la vostre contrée
> Si saintement que vos puisse véoir.
> Douce dame, royne coronée,
> Proiez pour nous, virge bien eurée,
> Et puis après ne nous puit meschéoir.

(1) Je n'ai pas besoin de dire qu'il y a dans ce tableau des formes de peu d'usage; il y en a deux (*dois frapper* et *viens de frapper*) qui ne peuvent pas du tout être employées : je ne les ai mises ici que pour la régularité du système; mais c'est au professeur à donner ces explications.

CONJUGAISON COMPOSÉE.

NOMS DES TEMPS.	MOEUFS IMPERSONNELS.	
	INFINITIF.	PARTICIPE.
	Présents.	*Présents.*
Simple.	Frapper.	Frappant.
Futur indéterminé.	Devoir frapper.	Devant frapper.
Futur prochain.	Aller frapper.	Allant frapper.
Passé indéterminé.	Avoir frappé.	Ayant frappé.
Passé prochain.	Venir de frapper.	Venant de frapper.

	MOEUFS PERSONNELS.	
	INDICATIF.	CONJONCTIF.
	Présents.	*Impératifs.*
Simple.	Je frappe.	Frappe.
Futur indéterminé.	Je dois frapper.	Dois frapper.
Futur prochain.	Je vais frapper.	Va frapper.
Passé indéterminé.	J'ai frappé.	Aye frappé.
Passé prochain.	Je viens de frapper.	Viens de frapper.
	Futurs.	*Conditionnels.*
Simple.	Je frapperai.	Je frapperais.
Futur indéterminé.	Je devrai frapper.	Je devrais frapper.
Futur prochain.	J'irai frapper.	J'irais frapper.
Passé indéterminé.	J'aurai frappé.	J'aurais frappé.
Passé prochain.	Je viendrai de frapper.	Je viendrais de frapper.
	Imparfaits.	*Subjonctifs.*
Simple.	Je frappais.	Je frappe.
Futur indéterminé.	Je devais frapper.	Je doive frapper.
Futur prochain.	J'allais frapper.	J'aille frapper.
Passé indéterminé.	J'avais frappé.	J'aye frappé.
Passé prochain.	Je venais de frapper.	Je vienne de frapper.
	Prétérits.	*Optatifs.*
Simple.	Je frappai.	Je frappasse.
Futur indéterminé.	Je dus frapper.	Je dusse frapper.
Futur prochain.	J'allai frapper.	J'allasse frapper.
Passé indéterminé.	J'eus frappé.	J'eusse frappé.
Passé prochain.	Je vins de frapper.	Je vinsse de frapper.

On n'aura pas de peine à déduire de ce tableau la conjugaison de tout autre verbe, et l'on dira : je *dois être*, je *dois venir*, j'*allais être*, j'*allais venir*; comme on dit : je *dois frapper*, j'*allais frapper*.

Mais pour les verbes qui n'ont pas l'infinitif passé, comme *venir*, *arriver*, *tomber*, *sortir*, etc., c'est le verbe *être* qu'il faut employer avec leur participe, et vous direz alors : je *suis venu*, je *serai venu*, j'*étais venu*, je *fus venu*; comme vous dites : j'*ai frappé*, j'*aurai frappé*, j'*avais frappé*, j'*eus frappé*. Seulement on doit se souvenir que le participe est variable, et qu'il faudra écrire : je *suis sorti*, nous *sommes venus*, si ce sont des hommes qui parlent, et je *suis sortie*, nous *sommes venues*, si ce sont des femmes.

Nos temps se composent encore en prenant une forme composée

de l'auxiliaire et mettant après elle la forme convenable du verbe que l'on conjugue : ainsi, puisque *avoir* nous donne dans sa conjugaison composée les temps doubles j'*ai eu*, j'*aurai eu*, j'*avais eu*, j'*eus eu*, etc., en mettant après eux l'infinitif passé *frappé*, on aura les nouveaux temps j'*ai eu frappé*, j'*aurai eu frappé*, j'*avais eu frappé*, j'*eus eu frappé*, etc. ; ces temps se nomment *composés triples*, parce qu'ils exigent dans leur expression trois mots appartenant à des verbes. Au reste, ils sont pour la plupart inusités ; *devoir avoir frappé*, *aller devoir frapper* sont des barbarismes insupportables ; cependant il y en a quelques-uns qui ne sont pas entièrement à rejeter, et notamment ceux où se trouve le verbe *avoir* (ou le verbe *être*, si le verbe conjugué n'a pas d'infinitif passé). Ainsi on dit fort bien : j'*ai dû frapper*, je *dois avoir frappé*, j'*ai eu frappé*, je *suis allé frapper*, je *vais avoir frappé*, je *viens d'avoir frappé*, etc.

Je ne pousserai pas plus loin cette liste : il me suffit d'avoir montré, par nos temps simples et doubles la richesse réelle, et par nos temps triples la richesse possible de notre conjugaison.

`E. *Voix des verbes.*

Analysons ces quatre phrases : *j'attache Ferdinand, je m'attache à Ferdinand, je suis attaché par Ferdinand, je fais attacher Ferdinand*; les deux termes extrêmes sont partout *Ferdinand* et *moi*; les termes intermédiaires sont tous des formes du verbe *attacher*; essayons d'en bien déterminer la valeur.

Dans le premier cas l'idée d'*attacher* sort de *moi*, pour tomber sur *Ferdinand*; il y a transition, passage du sujet sur le complément. Dans le second cas l'idée d'*attacher* naît et reste en *moi* : *je m'attache*; il y a, si l'on peut le dire, station, immobilité de l'idée dans le sujet. Dans le troisième, l'idée sort de *Ferdinand* pour tomber sur *moi*; c'est une transition du complément sur le sujet. Dans le quatrième enfin, je suis cause que l'idée d'*attacher* tombe sur *Ferdinand*. Il y a transition de l'idée sur le complément, mais elle ne vient pas immédiatement du sujet.

Il est clair comme le jour que dans tout cela l'idée d'existence reste la même; l'idée propre du verbe a seule varié; or toute altération dans l'idée propre d'un verbe a reçu le nom de voix : il y a donc quatre voix dans le verbe *attacher*. De ces quatre voix une seule mérite réellement ce nom, puisqu'il n'y a que la première qui s'exprime en un seul mot, et que partout où il y a réunion de mots on peut dire qu'il y a syntaxe : mais, comme nous avons admis des voix composées dans les adjectifs, il peut être plus facile d'apprendre ici même à conjuguer ces formes qui se retrouvent d'ailleurs si souvent dans la langue française.

Quant aux noms qu'on peut leur donner, rien de plus simple au premier coup-d'œil ; il suffit d'indiquer leur composition ; mais cela même ne nous dirait rien sur le sens et la nature du verbe, et la détermination de cette nature exige que nous placions ici une division complète et sévère des verbes français.

(a) La première voix peut s'appeler *simple* ou *primitive*. Sous cette voix se trouvent réunis des mots de valeur et d'usage très-différents dans le discours ; ainsi par exemple :

1° Dans ces phrases, *j'attache Ferdinand*, je *bâtis une maison*, l'idée d'*attacher* et celle de *bâtir* sortent du sujet pour tomber sur le complément : il y a, avons nous dit, *transition*; les verbes *attacher*, *bâtir* sont donc appelés *transitifs*.

2° Au contraire, dans je *marche*, je *dors*, je *saigne*, je *souffre*, ces verbes non-seulement n'ont pas de complément, mais même ils n'en demandent pas : l'idée reste dans le sujet, il n'y a pas *transition*, on les appelle *intransitifs*.

3° *Transitifs* ou *intransitifs*, les verbes peuvent exprimer une *action*, un *état*, une *souffrance*; ils sont alors *actifs*, *statifs* ou *passifs* : je *marche* est un intransitif actif; je *chante une chanson* est un transitif actif; je *languis* est un intransitif d'état; je *regrette mes amis* est un transitif de même sens ; je *pâtis* est un passif intransitif; je *reçois une visite*, je *souffre une injure* sont des passifs transitifs.

4° Bref, les mots voix *simple* ou *primitive* ont rapport seulement à la conjugaison ; *actif, statif* ou *passif*, au sens absolu du verbe ; *transitif* ou *intransitif*, à leurs relations dans la phrase.

5° Mais à cause de cela même on divise les verbes transitifs en *indirects* et *directs*, selon qu'ils prennent leur complément avec ou sans une préposition : il *frappait son frère; frappait* est un *transitif direct*; il *obéit à son père; obéit* est un *transitif indirect*, car il veut une préposition avant son complément.

6° Quelques verbes transitifs se peuvent prendre *intransitivement*, c'est-à-dire sans appeler de régime après eux ; on les nomme *moyens* (1) : tel est le verbe *augmenter*; pris dans son sens *transitif*, il veut dire rendre plus grand, plus large, plus considérable. Ex. *il augmente son revenu tous les jours*. Dans le sens intransitif, il signifie devenir plus grand, plus large, plus considérable. Ex. *Son revenu augmente tous les jours* (2).

(b) La forme qui consiste à replacer devant le verbe le cas objectif du pronom son sujet, peut s'appeler forme *pronominée*; mais sous elle se rangent encore des verbes de nature très-diverse.

1° Si je dis : *vous vous aimez, vous vous louez*, cela veut dire que vous vous prenez vous-même pour objet de votre amour, de votre louange : l'idée propre du verbe sort de vous, elle retombe sur vous ; c'est ce qu'on appelle verbe *réfléchi*.

2° Dans cette phrase : *Pierre et Jean se disputent, s'insultent, se battent*, etc., l'idée du verbe sort de chacun d'eux pour tomber sur l'autre ; elle n'est plus réfléchie, mais réciproque : on appelle *réciproques* les verbes qui ont ce sens et cette forme.

3° Enfin si je dis : *je m'ennuie, il se battra bien, vous vous repentirez*, je ne veux pas dire que je fais sur mon esprit l'action de l'ennuyer, qu'il battra bien son propre corps, que vous repentirez quelque chose et que ce *quelque chose* sera vous-même. Il y a donc ici une sorte de sens interne qui n'indique aucune action

---

(1) C'est Beauzée qui leur donne ce nom. (Voy. *Encyclop. méthod., Gram. et Littérat.* au mot *Moyen*.)

(2) Voyez, lieu cité, la liste que donne Beauzée de ces verbes moyens.

portée au dehors et retombant sur le sujet ; mais seulement un état, une manière d'être ; c'est ce qu'on peut appeler *verbe* ou *voix interne*.

Ces trois verbes ont des formes absolument semblables : on les conjugue en plaçant devant le verbe simple la forme objective du pronom qui est sujet du verbe : *je m'ennuie, tu t'ennuies, nous nous ennuyons*, etc. Aux temps composés, ce cas du pronom se place devant l'infinitif : *je dois m'ennuyer, je vais m'ennuyer, je viens de m'ennuyer*. Il faut cependant excepter les composés passés indéterminés où le pronom se place avant l'auxiliaire, et où cet auxiliaire est toujours le verbe *être*, et non le verbe *avoir* : *je me suis amusé, je me serais retiré*, et non *je m'ai amusé, je m'aurais retiré*, qu'appelle l'analogie.

Rem. *Je me suis amusé*, comme toutes ces formes passées des verbes pronominés est une tournure elliptique, pour *je suis* m'AYANT *amusé ; je me serais retiré*, c. à d. *je serais* m'AYANT *retiré*.

(c) La troisième forme *je suis attaché*, composée du verbe être et nécessairement d'un participe, peut se nommer *forme participée*. Ce nom ne convient qu'à elle seule ; car nous avons vu que le verbe *avoir* prend après lui l'infinitif et non le participe, et que celui-ci ne peut s'unir qu'au verbe *être* ; mais le participe lui-même n'a pas le même sens dans tous les verbes.

1° Dans les verbes transitifs directs le second participe change tout à coup de voix : la signification se renverse : *Jean a porté Pierre*, l'action sort de *Jean*, elle est reçue par *Pierre* ; *porté*, infinitif passé, est donc *actif* : *Jean est porté par Pierre* ; l'action ici sort de *Pierre* et tombe sur *Jean* : *porté*, participe, est donc passif ou inverse de l'infinitif (1).

Cela posé en conjuguant le verbe *être* devant le participe passé, on forme pour les verbes transitifs directs une *conjugaison* ou plutôt une *voix inverse* de la voix primitive.

Rem. Là-dessus il faut observer que les verbes transitifs directs sont les seuls qui aient ce participe *inverse*. Les transitifs indirects, excepté *obéir*, n'ont pour la plupart que l'infinitif passé qu'ils ne peuvent accoller qu'au verbe *avoir*, et par là ils forment des *temps nouveaux* et non des *voix nouvelles* : *je résiste à vos sollicitations, j'ai résisté à vos sollicitations*.

2° Quelques verbes n'ont pas l'infinitif passé, mais seulement le participe passé ; celui-ci, n'étant plus inverse, ne forme alors que des temps composés passés comme le verbe *avoir*, et non une voix nouvelle : *je suis venu, je suis allé, je suis sorti* font partie de la conjugaison *venir, aller, sortir* et n'en sont pas une voix *inverse*.

3° Quelques transitifs directs attribuent à leur participe le

---

(1) N'est-il pas étrange que nos grammairiens aient pris pour le même mot deux formes qui se ressemblent en effet par leurs lettres, mais qui diffèrent 1° par leur espèce : l'infinitif est substantif abstrait, et par conséquent invariable ; le participe est adjectif, et prend la marque des genres et des nombres. 2° Par leur temps, l'infinitif est toujours passé : *j'ai blessé mon ennemi*, c'est une chose entièrement faite ; le participe indique une chose faite, mais qui dure encore : *je suis blessé*, je le suis actuellement. 3° Par le sens, quand l'infinitif est actif, le participe est passif. Ces deux formes, quoique toujours semblables, appartiennent donc à deux mots en effet très-divers.

double sens de *passé* et *d'inverse*; ils forment alors avec le verbe *être* des temps qui font double emploi avec le verbe *avoir* dans la voix primitive, et qui en composent d'un autre côté la voix inverse. Tel est par exemple le verbe *descendre*; PASSÉ COMPOSÉ INDÉTERMINÉ : *j'ai descendu* ou *je suis descendu*, si je me suis transporté moi-même au bas de la maison : VOIX INVERSE, PRÉSENT : *je suis descendu*, si l'on me descend, par exemple, dans un panier.

Rem. Il est inutile de dire que, dans toute cette conjugaison, le participe prend le genre et le nombre du sujet ; le participe, étant un adjectif, doit en cette qualité s'accorder avec son substantif, comme nous le verrons plus en détail dans la syntaxe.

(d) Quant à la quatrième voix, *je fais attacher Ferdinand*, son caractère spécial est de donner à tous les verbes un sens en quelque sorte actif : *faire dormir un enfant, faire périr un criminel*, etc.; on peut la nommer *voix* ou *forme activante*. Du reste elle ne présente aucune difficulté, et se forme en plaçant toute la conjugaison du verbe *faire* devant l'infinitif du verbe que l'on conjugue.

Ainsi, sous les quatre formes dont le verbe *attacher* nous a donné des modèles, nous avons 1° (forme simple ou primitive) des verbes *actifs, passifs* et *statifs* (1); *intransitifs* (2), *transitifs directs, transitifs indirects* (3) et *moyens*; 2° (forme pronominée) des verbes *réfléchis, réciproques* ou seulement *internes*; 3° (forme participée) des verbes *inverses* (4) et quelquefois des temps passés de la voix primitive ; 4° (forme activante) des verbes rendus actifs.

Ces diverses formes, quand elles appartiennent au même verbe, s'appellent ses voix, puisqu'elles ont chacune un sens particulier ; mais il faut bien se garder de croire que toutes ces voix soient usitées dans tous les verbes : la plus grande quantité manque de la voix interne ; un grand nombre n'ont pas la voix inverse ; quelques autres n'ont qu'elle, comme *être imbu, être perclus, ces deux années sont révolues*, qui ne peuvent se composer qu'avec les participes inverses des inusités *imboire, perclure, revoudre*, etc. Il y en a qui n'ont que la voix interne, *se douloir, s'amouracher*, etc.; d'autres y joignent la voix activante, *se repentir* et *faire repentir, se souvenir* et *faire souvenir*.

L'usage est le seul maître à cet égard.

(1) Verbes *statifs* ou d'état, comme je *dors*, je *reste*; on les appelle presque toujours *verbes neutres*, c. à d. *ni actifs, ni passifs*; mauvaise dénomination, et qui n'apprend rien sur la nature de ces verbes.

(2) Les *intransitifs* ont été aussi nommés verbes *neutres*.

(3) Les *transitifs indirects* ont été aussi appelés verbes *neutres*.

(4) La voix *inverse* est appelée ordinairement *passive*; ce mot ne peut convenir qu'aux verbes dont la voix primitive indique une action faite par le sujet, car alors il la reçoit dans la voix inverse, il est donc passif; et l'on conçoit le titre de *voix passive* donné à un verbe, tel que *je suis frappé*, par exemple. Mais si le verbe par lui-même n'indique pas une action, mais plutôt une passion, une certaine manière d'être affecté, comme *aimer, sentir, recevoir, souffrir*; où le sujet est assurément *passif*, est-il possible qu'il soit encore passif quand la voix inverse aura renversé le sens? et dans *je suis aimé, je suis reçu, je suis souffert par mes amis*, la passion, la souffrance n'est-elle pas plutôt pour mes amis que pour moi? Il est donc ridicule d'appeler cette forme *voix passive*; elle ne l'est que par accident : mais telle est l'inconséquence de la plupart des grammairiens qu'ils donnent des noms à tort et à travers, et s'étonnent ensuite que les exceptions, les incohérences se multiplient.

CHAPITRE VI.

DES PRÉPOSITIONS.

La préposition a été définie un mot qui en met deux autres en rapport : ainsi dans *monter à cheval*, *flotter sur l'eau*, *pot de vin*, les mots *à*, *sur*, *de* sont des prépositions parce qu'elles mettent en relation les autres mots *monter* et *cheval*, *flotter* et *eau*, *pot* et *vin*. Ces deux mots s'appellent *les termes du rapport* : celui qui précède la préposition en est l'*antécédent*; celui qui la suit en est le *conséquent*.

Il résulte de la définition, 1° que la préposition ne peut exister sans ces deux termes, et que par conséquent si l'un est supprimé, il doit être facile de le suppléer, sans quoi on aurait un rapport avec un seul terme, ce qui implique. Ainsi dans cette phrase citée par l'Académie : *Il prit son chapeau et partit avec*, c. à d. *avec son chapeau*; 2° qu'une préposition, n'indiquant qu'un rapport simple, doit être indécomposable, sans quoi elle joindrait au rapport exprimé par l'un de ses éléments le sens donné par l'autre, et son rapport ne serait plus ce qu'il doit être : les mots *a-près*, *mal-gré* ne sauraient donc être des prépositions; 3° qu'il faut exclure de la classe des prépositions les mots qui peuvent être compléments d'un autre, ou recevoir l'article ou prendre un régime à l'aide d'une autre préposition, ou s'employer ordinairement sans complément, ou qui enfin sont déjà classés dans une autre espèce de mots. On regardera ainsi *attenant*, *concernant*, *durant*, *joignant*, *moyennant*, *nonobstant*, *pendant*, *suivant*, *touchant* comme des participes présents de verbes plus ou moins usités; *attendu*, *excepté*, *hormis*, *vu*, comme des infinitifs passés; *avant*, *auprès*, *autour*, *de-çà*, *de-là*, *dedans*, *dehors*, *dessous*, *dessus*, *devers*, *envers*, *malgré* comme des noms composés, *sauf* comme un adjectif; *hors* et *jusque* comme des adverbes.

Les véritables prépositions françaises se réduisent à dix-huit; je les placerai ici par ordre alphabétique, en ajoutant quelques observations qui expliqueront leur nature ou leur emploi : j'indiquerai aussi quelques-uns de leurs dérivés, ceux surtout auxquels l'usage donne un complément immédiat qui les a fait regarder comme des prépositions. J'indiquerai soigneusement l'étymologie entre parenthèses, et je ferai connaître celles de nos prépositions qui peuvent entrer en composition avec quelqu'un de nos radicaux, et celles qui peuvent recevoir pour complément un infinitif ou un participe.

LISTE DES PRÉPOSITIONS FRANÇAISES.

A (*ad* des latins) indique une tendance vague de l'antécédent au conséquent : *parler à son frère, se mettre à table, monter à cheval, tout à vous.* — *A* peut recevoir l'infinitif pour complément : *contes à rire, bon à boire.* — *A* entre en composition avec une multitude de mots : *adouci*, *agrès*, etc. avec les substantifs abstraits *près* et *travers*, il forme les réunions de mots *après*, *à travers*, dont on a fait à tort des prépositions particulières.

Avec (du latin *absque* sans, par l'analogie des contraires) indique toujours simultanéité, réunion : *j'ai vu Ernest avec sa mère.*

Chez (du latin *capsa*, caisse) ne prend pour complément qu'un nom de personne : il signifie *dans le logis*, *dans la maison de*, *chez mon père*.

Contre (du latin *contrà*) indique une opposition morale ou physique : *je soutiendrai cela contre votre opinion; mettez ce tabouret contre le lit.*

— *Contre* entre en composition avec un grand nombre de mots : *contredire, contrefaire, contre-allée.*

Dans (du latin *de, intùs*), préposition qui indique une intériorité déterminée de lieu, de temps, de pensée, etc.: *dans ma chambre, dans le bassin, dans deux ans, dans mon opinion.*

De (du latin *de*), préposition qui indique vaguement la sortie, le point de départ : *je viens de Paris; nous parlions de vous ; la maison de mon père; fourchette d'argent; vin de deux ans*, etc., et une foule d'autres exemples où les deux noms se construisent comme si l'antécédent sortait vaguement du conséquent. — *De* reçoit très-bien un infinitif pour complément : *le moment de partir; capable de chanter.* — *De* forme un grand nombre de composés entre lesquels il faut remarquer les substantifs abstraits *dedans, dehors, derrière, devant, dessus, dessous* et le mot *depuis* formé de *de* et de l'adverbe *puis : depuis la guerre,* c. à d. *de la guerre, puis* (*de bello, post*). Tous ces mots sont souvent donnés comme prépositions, c'est à tort.

Dès (du latin *de*) indique le point précis d'où l'on part : *dès le commencement, dès l'origine; cette rivière est navigable dès sa source.*

En (*in*) indique une intériorité vague : *loger en chambre garnie, en France, en deux ans; vin en bouteille; se conduire en roi.* — *En* veut après lui non le présent de l'infinitif comme les autres prépositions, mais le participe présent : *il se promène en lisant.* — *En* forme un grand nombre de composés : *entourer, enfiler*, etc. Entre ceux-ci le substantif abstrait *envers* est remarquable, car il prend un complément immédiat qui l'a fait souvent regarder comme une préposition : *poli envers tout le monde.*

Entre (*inter*) indique la position d'un objet qui en a d'autres dessus et dessous, ou à droite et à gauche, ou devant et derrière : *je me jette entre vos bras, entre la vie et la mort, entre deux feux.* — *Entre* forme beaucoup de composés : *entreprendre, entremêler*, etc.

Jouxte (de *juxtà*, venu de *jungo*) indique le voisinage : *jouxte le palais; jouxte la copie originale.* Cette préposition est aujourd'hui hors d'usage.

Outre (*ultrà*) indique passage au-delà d'un point désigné : *voyager outre mer; blâmer outre mesure.* — *Outre* se joint en composition avec quelques noms et verbes : *outre-mer, outre-passer.*

Par (*per*) indique passage : *je passerai par la France; je prouverai par témoins,* c. à d. que ma preuve passera en quelque sorte par les témoins, et de même dans ces phrases : *plaire par son esprit; gagner trente sous par jour,* etc. Le complément de la préposition est toujours considéré comme le chemin, pour ainsi dire, *par lequel* passe l'idée qu'on exprime. — *Par* peut régir l'infinitif : *il commença par se plaindre.* — Il entre en composition avec plusieurs mots : *parcourir, parfait, parvenu.* Il se lie avec l'adjectif invariable *mi* (*mitoyen, moyen*), et signifie alors passage à travers plusieurs objets de même nature : *parmi les filles du canton.*

Pour (*pro*) indique le but, l'objet qu'on se propose, et par suite l'échange, enfin la comparaison : *il est parti pour Rome; donner un livre pour une estampe; il passe pour habile; je vous le laisse pour un mois.* — *Pour* régit l'infinitif : *pour rire; pour plaisanter.* — *Pour* entre bien en composition : *pourtour, pourpris, pourfendre.*

Sans (*sine*) indique négation, absence du conséquent : *sans votre secours; sans lui; sans vos menaces; je n'y aurais pas consenti.* — *Sans* régit bien l'infinitif : *sans souffrir; sans se plaindre.*

Selon (*secundùm*) indique conformité; il ne se prend qu'au moral, ou en parlant d'êtres abstraits: *selon vous; selon les circonstances ; l'Evangile selon St-Luc.* — On sous-entend quelquefois son complément : *c'est selon.*

Sous (*sub*) indique l'infériorité de l'antécédent : *tout ce qui est sous le ciel; cela s'est passé sous mes yeux; être sous l'obéissance de quelqu'un.* — *Sous* entre en composition : *soumettre, sous-entendre, sous-division.*

Sur (*super*) indique la supériorité de l'antécédent : *mettez ce plat sur la table; s'appuyer sur un bâton; La-Roche-sur-Yon*, etc. — *Sur* entre souvent en composition : *surtout, survenir, surprendre, surfaire*, etc.

Vers (*versùm* ou *versùs*) indique direction exacte, tendance déterminée : *vers l'orient; vers Toulouse; tournez-vous vers moi; lever les yeux, les mains vers le ciel.* Par extension, il indique le lieu ou le temps d'une manière approximative : *il arriva vers huit heures, vers la fin du mois ; vous le trouverez vers Florence.* — *Vers,* précédé de la préposition *de,* forme le substantif abstrait *devers,* qui se prend aussi dans le sens de *vers : devers Nemours ; devers Toulouse.* Il s'emploie plus souvent avec *par : Garder un billet par devers soi.*

CHAPITRE VII.

DE LA CONJONCTION.

La conjonction est, comme nous l'avons vu, un mot qui met deux phrases en rapport : *la vertu est désirable, car elle rend l'homme heureux ; car* est une conjonction, puisqu'il indique qu'une de ces prépositions est la conséquence de l'autre.

Les deux phrases ainsi réunies peuvent s'appeler *les deux termes du rapport ;* mais on aime mieux les désigner sous les noms de *phrase antécédente* et *phrase conséquente.*

Il résulte de la définition : 1° que la conjonction ne peut exister sans les deux phrases qu'elle joint ; et que par conséquent si l'une est supprimée, il doit être facile de la suppléer ; 2° il résulte encore que la conjonction exprimant un rapport simple doit être indécomposable ; 3° qu'il faut exclure de la classe des conjonctions tous les mots composés et ceux qui sont déjà placés dans l'une des classes étudiées ci-dessus, tels que *ainsi, puis, conséquemment,* etc., qui sont des adverbes ; *quand, quoi, où,* etc., qui sont des noms pouvant servir de complément à des prépositions : *d'ailleurs, de plus, du moins, au moins,* etc., qui sont des réunions de mots et non des mots particuliers ; 4° on reconnaîtra que les conjonctions sont toujours en fort petit nombre, et que chez nous, en particulier, il n'y en a que onze qui seront examinées ci-dessous.

Quant à l'ordre à établir entre les conjonctions, voici, je crois, la division la plus simple et la plus utile. Parmi les conjonctions, les unes laissent subsister, entre les phrases qu'elles mettent en rapport, une parfaite égalité : on pourrait les nommer *isoscèles,* comme séparant des membres égaux ; les autres font de la proposition qu'elles précèdent la subordonnée de celle qu'elles suivent ; on peut les nommer *subjonctives* ou *subordonnantes.*

En les classant dans cet ordre, on verra que la liste de nos conjonctions des deux espèces se compose ainsi qu'il suit :

LISTE DES CONJONCTIONS FRANÇAISES.

I. *Conjonctions isoscèles.*

Car (*quare*) prouve ce que l'on a avancé par une raison donnée après : *vous ne le trouverez pas chez lui, car je viens de le rencontrer dans la rue.*

Donc (*tunc*) conclut un raisonnement, ou prouve par une raison donnée avant : *je pense, donc j'existe. La vertu conduit au bonheur, donc il est de notre intérêt d'être vertueux.* — *Donc* est l'opposé de *car.*

Et (du latin *et*) exprime simplement la liaison de deux phrases : *je suis tombé de cheval, et me suis cassé la jambe ; je comprends sa conduite, et je l'admire.* — *Et* semble quelquefois ne lier ensemble que deux mots : *j'ai vu le roi et la reine ;* mais il y a ellipse ; c'est pour *j'ai vu le roi et j'ai vu la reine.* — *Et* est la conjonction isoscèle par excellence ; c'est elle qui a le sens le plus abstrait et le plus simple, et qui, jusqu'à un certain point, peut être regardée comme entrant, quant à son sens, dans la valeur de toutes les autres. Ainsi *car* peut se résoudre par *et en effet; donc* par *et en conséquence; mais* par *et de plus et au contraire,* etc.; de sorte que la conjonction *et* est relativement aux autres ce que le verbe abstrait est aux verbes concrets.

Mais (magis) exprime une considération qu'on regarde actuellement comme plus forte que celle qui a précédé, soit qu'elle augmente ou détruise ce qui précède : *non-seulement je l'ai nourri, mais je l'ai élevé, mais je lui ai procuré un état, mais je l'ai marié avantageusement;* et dans le sens adversatif : *il est fort honnête homme, mais il a quelques défauts.* — *Mais* se joint avec *même, aussi, encore, bien plus,* pour indiquer une grande augmentation dans les raisons que l'on donne.

Ni (nec) équivaut à *et* suivi d'une négation : *je ne voyais rois ni dieux dont le sort me fît envie (Molière).* — *Ni* se redouble le plus souvent : *elle n'est ni belle ni laide; ni l'un ni l'autre.*

Or (hora) indique une raison qu'on se rappelle à cette heure, à ce moment : *tout ce qui est utile est une richesse; or un talent est utile, donc un talent est une richesse.* — La phrase où entre *or* doit donc toujours précéder la conclusion.

Ou (aut) indique alternative entre deux ou plusieurs objets : *donnez-moi une plume ou un crayon, l'un ou l'autre.* — *Ou* indique aussi l'alternative entre deux mots dont le sens est le même : *Byzance ou Constantinople; quadrilatère ou tétragone.* — *Ou* peut se répéter dans son premier sens : *ou l'un, ou l'autre.* — *Ou* se joint avec le nom *bien* pour donner de la force à l'expression. — On remplace quelquefois *ou* par *soit* dans ces phrases : *soit l'un, soit l'autre,* comme s'il y avait : *que ce soit l'un ou que ce soit l'autre.*

II. *Conjonctions subjonctives.*

Comme (quàm, quomodò) indique parité, ressemblance entre deux jugements : *il était habillé comme je vous l'ai dit,* c. à d. *de la même manière que je vous l'ai dit.* — Souvent la seconde proposition n'est pas exprimée complétement : *ils sont faits l'un comme l'autre,* c. à d. *ils sont faits, savoir, l'un est fait comme l'autre est fait. Il est comme mort,* c. à d. *il est comme est un mort. Il est arrivé* *comme le roi était à Paris,* c. à d. *dans le temps que,* etc., par la parité qu'exprime le mot *comme.* — On augmente souvent la force de cette conjonction en y ajoutant un autre mot : *tout comme; tout comme aussi,* etc.

Comment (de *comme,* ou du *quemadmodùm* des latins) indique la manière : *je vous dirai comment la chose s'est passée,* c. à d. *la manière dont la chose s'est passée.* — *Comment* se prend interrogativement par la suppression de la phrase antécédente : *comment est-il mort?* c. à d. *dites-moi comment il est mort.* — Il se prend aussi exclamativement : *comment! que dites-vous?* mais ici encore c'est plutôt une interrogation déguisée.

Que (que, quùm, quàm, quod et *quid)* indique seulement la liaison de deux phrases; c'est, parmi les conjonctions subjonctives, la conjonction par excellence, comme *et* l'est parmi les isoscèles : *vous dites que vous viendrez; j'affirme qu'il est venu; je nie qu'il vous ait écrit.* — Plus le sens de *que* est abstrait, plus on doit s'attendre à le voir se prêter au sens des mots qui l'accompagnent. C'est pour n'avoir pas aperçu la cause de ce vague dans sa signification, que plusieurs grammairiens attribuent à cette conjonction des sens très-variables, tandis qu'elle n'a jamais que celui d'une liaison subordonnante : à cause de cela même, elle peut former en quelque façon des *conjonctions composées,* ou des *locutions conjonctives,* en s'unissant, 1° avec les noms et adverbes de temps : *lorsque, puisque, tandis que, aussitôt que, hier que,* etc.; 2° avec les noms et adverbes de quantité, *plus que, moins que, autant que, d'autant que,* etc.; 3° avec les verbes et surtout leurs infinitifs passés pris absolument : *attendu que, bien entendu que, vu que, pourvu que, supposé que,* etc.; 4° avec les prépositions *à, de, en, par, sur,* suivies du nom abstrait *ce : à ce que, de ce que, en ce que, par ce que, sur ce que;* 5° avec les prépositions *dès, outre, pour, sans, selon* immédiatement : *dès que je fus parti,* etc. Ces combinaisons, dont le nombre est indéfini, sont données souvent comme autant de conjonctions particulières : répétons à ce sujet ce que nous avons déjà dit; il n'y a de conjonction là dedans que le mot *que ;* les autres mots doivent toujours être ramenés par l'analyse chacun à sa classe.

Quoique (*quamvis*) indique la supposition d'une chose qui doit être inutile : *il l'emportera, quoique vous tâchiez de lui résister.* — On remplace souvent cette conjonction par les réunions de mots *bien que, encore que, quand même, quand bien même.* — Il ne faut pas confondre avec la conjonction *quoique,* les deux mots *quoi que,* où *quoi* signifie *quelque chose : quoi que vous fassiez,* c. à d. *quelque chose que vous fassiez.*

Si (du latin *si*) indique une supposition et ce qui doit s'ensuivre : *si vous venez, vous me ferez plaisir; si vous vouliez, vous iriez à la campagne.* — On sous-entend quelquefois la phrase principale, surtout dans les formules exclamatives : *ah! si vous saviez!* — Devant les pronoms *il* et *ils, si* perd son *i,* et il le remplace par l'apostrophe : *va-t-en voir s'ils viennent, dites-moi s'il pleut.* — On remplace quelquefois *si* par les réunions de mots *au cas que, supposé que, pourvu que,* etc. — *Si* se combine et s'écrit en un seul mot avec la négation *non, sinon* : dans cette forme il suppose la négation de toute la phrase qu'il commençait précédemment : *dites-moi si vous voulez lire mon livre, sinon je ne l'apporterai pas : sinon* est donc toujours fort elliptique.

LIVRE III.

ÉTYMOLOGIE, OU DES MOTS DANS LEURS FAMILLES.

ÉTYMOLOGIE EN GÉNÉRAL.

Les mots d'une langue ne sont pas, comme on se l'imaginerait peut-être, jetés au hasard et sans liaison entre eux : au contraire, ils sont réunis par une logique très-fine, et souvent si subtile qu'elle échappe aux regards inattentifs.

Mais quand nous voyons que les mots *battre, battement, batterie, batteur, bataille, battoir,* etc. renferment tous dans leur sens l'idée de *battre ;* que les mots *abattre, combattre, débattre, rebattre* la renferment aussi, et que les lettres principales du mot *battre* et sa prononciation se retrouvent dans les mots placés après lui, nous ne pouvons douter que la langue n'ait suivi, dans la création de ces mots, la filiation des idées et qu'on ne puisse par conséquent les rattacher tous au mot *battre* comme étant leur origine commune.

Ce mot *battre* est alors la *racine* de tous les autres, et ceux-ci s'en forment, comme on voit, ou par le changement de la syllabe finale, *battre, battement, batteur,* etc., alors ils se nomment dérivés; ou par l'adjonction au commencement du mot de quelques particules, *combattre, débattre, rebattre,* etc., et dans ce cas, ce sont des *composés.*

Par rapport aux premiers, le mot *battre* s'appelle *primitif;* par rapport aux seconds, il se nomme *simple.*

Ainsi les mots se forment les uns des autres par *dérivation* ou par *composition;* c'est là toute la science étymologique considérée dans ce qu'elle a de certain et de véritablement utile. Les recherches savantes auxquelles elle a donné lieu ne sont pas de notre ressort, et par conséquent nous n'avons à en parler ici que sous le double aspect de la dérivation et de la composition.

CHAPITRE I.

DE LA DÉRIVATION DANS SES ÉLÉMENTS.

La *dérivation* est cette partie de l'étymologie qui nous apprend à connaître la valeur d'un mot d'après le sens de son primitif et celui de la terminaison qu'on y ajoute.

Ces mots primitifs sont réunis dans quelques ouvrages qui portent le nom de *racines*. Les racines françaises mériteraient d'être recueillies comme les racines grecques et les racines latines l'ont été; mais il faut connaître, pour en tirer avantage, le sens des principales désinences françaises. C'est dans ce but que j'ai composé la liste ci-dessous.

LISTE DES PRINCIPALES TERMINAISONS FRANÇAISES.

Able, qu'on peut ou qu'on doit faire: *blâmable*, qu'on doit blâmer; *attaquable*, qu'on peut attaquer.

Ade, action fréquente et rapide : *fusillade, canonnade.*

Age, action : *collage, servage,* action de coller, de servir.

Aille, réunion nombreuse : *la valetaille.*

Aire, qui tient à : *originaire.*

Al, même sens : *antimonial, catarrhal*, de la nature de l'antimoine, du catarrhe.

Ance, nom abstrait de la modification : *ressemblance,* qualité de ce qui ressemble.

Ant, participe des verbes , et terminaison d'adjectifs.

Asse, signe de dégoût ou de mépris : *crevasse, mollasse, savantasse, hommasse.*

At, état, résultat d'une action ou d'un titre : *doctorat, professorat, cardinalat.*

Atre, qui se rapproche de : *bleuâtre,* presque bleu ; *blanchâtre,* à peu près blanc.

Eau, el, diminutif : *pigeonneau.*

El. Voy. *al* d'où il vient : *mercuriel,* qui tient au *mercure; substantiel,* de la nature de la *substance.*

Er, terminaison d'infinitifs.

Ere. Voy. *aire.*

Erie, nom abstrait de l'acte ou de l'habitude, dont l'adjectif est en *eur* ou en *ier* : *trompeur, tromperie; menuisier, menuiserie.*

Esse, nom abstrait de la qualité : *tendresse, sagesse,* qualité de ce qui est *tendre*, de ce qui est *sage.*

Et, ette, diminutif : *jardin, jardinet; broche, brochette.*

Eur (masculin), qui fait habituellement : *menteur,* qui a l'habitude de mentir; *ciseleur,* qui cisèle; *danseur,* qui danse.

Eur (féminin), nom abstrait de la qualité : *pâleur,* qualité de ce qui est *pâle; aigreur,* qualité de ce qui est *aigre.*

Eux, plein de : *fangeux,* plein de fange; *sablonneux,* plein de sablon.

Ible. Voy. *able : risible,* dont on peut rire; *invincible,* qu'on ne peut vaincre.

Ien, qui appartient à, ou de la nature de : *vers cornélien,* c. à d. de la force de ceux de Corneille.

Ier, qui a ou fait habituellement : *serrurier,* homme qui fait des serrures; *portier,* qui tient la porte; *pommier,* arbre qui porte des pommes.

Ieux. Voy. *eux : glorieux,* plein de gloire; *victorieux,* plein de victoire. —La terminaison *ieux* vient le plus souvent de ce que l'*i* qui précède la consonne a passé après.

If, propre à , qui a la qualité de : *actif,* propre à agir; *craintif,* qui a la qualité de *craindre.*

Ille, diminutif : *faucille,* petite *faux.*

In, qui tient à : *enfantin,* qui tient à l'enfance. *In* est quelquefois aussi un diminutif.

Ion, nom abstrait de l'acte ou de l'action : la *diction,* l'acte de dire; *exhortation,* l'action d'exhorter.

Ique. Voy. *ien.*

Ir, terminaison d'infinitif.

Is, résultat matériel d'une action : *hachis,* résultat du hachement; *abattis* de bois, résultat de l'abattage.

Isme, application avec ardeur et,

amour à une certaine chose, surtout aux choses philosophiques ou religieuses : le *christianisme*, le *platonisme*, le *cartésianisme*.

Iste, celui qui s'applique à ou prend parti pour : *chimiste*, *artiste*, *flûtiste*.

Iser, se livrer à, imiter, affecter, rendre : *ridiculiser*, *utiliser*, rendre ridicule, rendre utile.

I-fier, passer ou faire passer d'un état à un autre : *bonifier*, rendre bon; *pacifier*, mettre en paix; *vérifier*, rendre vrai, en ce sens qu'on prouve que la chose est vraie. — J'ai séparé l'*i* par un trait d'union, parce qu'il ne fait pas proprement partie de la terminaison; mais il la précède toujours.

Ise, nom abstrait de la qualité : *sotte*, *sottise*; *franche*, *franchise*.

Ie, même sens, *fol*, *folie*; *perfide*, *perfidie*, etc.

Ment, terminaison adverbiale : *admirable*, *admirablement*; *poli*, *poliment*.

Ment, terminaison substantive indiquant l'acte : *enrôlement*, action d'enrôler; *revirement*, acte de *revirer*.

Oir, instrument ou lieu d'action : *battoir*, instrument pour battre; *abattoir*, lieu où l'on abat.

Oire (substantif), même sens : *armoire*, lieu où l'on met ses armes : *réfectoire*, lieu où l'on se refait.

Oire (adjectif), de la nature de : *maladie inflammatoire*, de la nature des inflammations.

Té, nom abstrait de la qualité : *bonté*, *beauté*, qualité de ce qui est *bon* ou *beau*.

Teur. Voy. *eur*, masculin.

Ude, nom abstrait d'une qualité : *inquiétude*, *étude*, *habitude*, etc.

Ule, diminutif : *globe*, *globule*, *formule*.

Ure, chose sur laquelle on agit, reste d'une action : *reliure*, *dorure*, *écriture*, *balayures*, *épluchures*.

CHAPITRE II.

MÉCANISME DE LA DÉRIVATION.

La dérivation la plus riche chez nous est ordinairement celle qui dépend des verbes : un verbe, comme nous l'avons vu, reçoit cinq formes primitives d'où découlent tous les autres temps; de ces cinq formes il y en a trois, savoir le *présent de l'infinitif*, le *présent* et le *prétérit de l'indicatif*, qui ne donnent lieu à aucun dérivé hors de la conjugaison même; au contraire, l'infinitif passé quelquefois et le participe présent presque toujours donnent des dérivés substantifs ou adjectifs : ainsi *blanchir*, PART. PRÉS. *blanchissant*, d'où *banchissage*, *blanchisseur*, *blanchisserie*, etc.; et de même *offrir*, INF. PASS. *offert*, *offertoire*, etc.

Mais il y a dans nos verbes les plus féconds en dérivés une autre forme qui n'en produit guère moins que le participe présent; c'est ce que j'appellerai le *supin*, parce qu'elle se tire immédiatement du supin latin; considérée comme mot indépendant, cette forme est presque toujours étrangère à notre langue; il faut cependant la connaître, car elle sert de lien commun entre une foule de mots qui sans cela ne tiendraient plus au même dérivé : ainsi le verbe *agir* a pour supin *act* qui n'est pas français, mais qui forme *acteur*, *action*, *actif*, *activité*, etc.

Tous les verbes n'ont pas ce supin, il n'y a guère que ceux qui se tirent immédiatement du latin; dans les autres tous les noms se tirent du participe présent : dans les premiers, au contraire, ils se tirent parallèlement de l'une et de l'autre forme, c. à d. que les noms en *ion*, *eur*, *ure*, *oire*, *if*, et *ible* appartiennent au supin, tandis que les mots en *age*, *able*, *ment* se dérivent mieux du participe présent. Ainsi *rire, risible; voir, vision, visible; ster* (prim. de *rester*), *station, stateur, stature, statif*, etc.; et au contraire *tirer : tirement, tirage, tiroir*.

Les noms et les adjectifs se tirent aussi les uns des autres : dans ce cas la terminaison *eur*, appliquée à celui qui fait ou a l'habitude d'une chose, devient *ier, eur* dans ce sens dépendant toujours d'un verbe : *serrure, serrurier; vitre, vitrier*, etc. et non *vitreur;* de même *poire, poirier*, arbre qui fait *métier de poires* si l'on peut le dire.

Rem. Ier lui-même devient *er* après les consonnes chuintantes *ch* et *g* ou *j* et *ll* mouillés. — Ainsi *horloger, cocher, conseiller*, et non *horlogier, cochier, conseillier*.

Le dérivé en *eur* venant d'un adjectif est toujours féminin ; il indique non plus celui qui fait une action, mais seulement la qualité abstraite : *pâle, paleur; grand, grandeur*, etc.

Ces noms de qualité se forment aussi des adjectifs en *ant* et *ent* par *ance* et *ence : complaisance, prudence*, de *complaisant, prudent*. D'autres se forment des adjectifs en changeant l'e muet du féminin en *ité, esse, ie, ise, ure*, etc. : *crédule, crédulité; sage, sagesse ; fol, folie; sotte, sottise; courbe, courbure*.

Rem. Cette dernière terminaison appartient surtout aux mots tirés d'adjectifs verbaux : *courber, courbure; brûler, brûlure*, etc.

La terminaison en *ité* influe souvent sur la syllabe précédente ; elle fait changer *ble* en *bilité; el* en *alité; eux* en *osité; que* en *cité : affable, affabilité; flexible, flexibilité; soluble, solubilité; généreux, générosité; publique, publicité*.

Il y a aussi quelques terminaisons qui se supposent l'une l'autre ; *iser* appelle *iste* et *isme : platoniser, platoniste, platonisme; fier* à la fin d'un verbe donne de même *fication, ficatif, ficateur : amplifier, amplification, amplificateur, amplificatif*.

Ces dernières terminaisons ont cela de remarquable, qu'elles exigent toujours un *i* devant elles, excepté dans trois ou quatre mots, comme *torréfier, raréfier, liquéfier;* et ceux-ci d'ailleurs ne donnent pas les dérivés que nous venons d'indiquer.

A l'aide de ces principes il sera ordinairement facile de tirer tel ou tel mot d'un primitif donné.

CHAPITRE III.

DE LA COMPOSITION DANS SES ÉLÉMENTS.

La *composition* est cette partie de l'étymologie qui nous apprend à trouver le sens d'un mot d'après celui du simple et du *préfixe* qui concourent à le former.

On appelle *préfixe* la particule inséparable qui se joint au simple, parce qu'elle se place toujours devant lui : ainsi dans *supposer, poser* est le mot simple, *sup* est le préfixe.

Les mots *simples* doivent se trouver comme les *primitifs* dans les recucils de *racines*, ou, pour parler plus exactement, les *racines* d'une langue sont les mots de cette langue qui sont à la fois *simples* et *primitifs* (1).

La connaissance parfaite d'un mot composé suppose celle des principaux préfixes. Voici la liste des plus usités dans la langue française, avec leur explication autant que l'a pu permettre la généralité de leur signification.

LISTE DES PRINCIPAUX PRÉFIXES FRANÇAIS.

A, indique le plus souvent rapprochement, continuité tendance : *meilleur*, *améliorer*, grand, agrandir.

Ab, *abs* (prép. lat.), éloignement, séparation : *abstraire*, tirer de.

Ad, *af*, *ag*, *al*, *am*, *an*, *ap*, *ar*, *as*, *at* (prép. lat.), tendance vers, augmentation : *admirer*, *apporter*, porter vers.

Ana (prép. grecq.), renversement et rapport : *analogie*, *anathème*, *anastrophe*.

Ante (prép. lat.), qui va devant : *antécédent*, *antédiluvien*, d'avant le déluge.

Anti (prép. grecq.), contre, opposé à : *antifébrile*, contre la fièvre ; *antidartreux*, *antiscorbutique*, etc.(2).

Archi (subst. grec), très, superlatif : *archimenteur*, qui ment beaucoup ; *archevéque*, le premier des évêques.

Circon (subst. latin), en cercle, autour : *circonvoisin*, voisin tout autour ; *circonscrire*, décrire autour.

Co, *col*, *com*, *con*, *cor* (prép. lat.), avec, ensemble : *cohabiter*, habiter ensemble ; *composer*, poser ensemble, en rapport.

Contre, opposition, comparaison : *contredire*, *contrefaire*.

De (prép. franç.) ; *demander*, *demi*, *dehors*, etc.

Dé, *dés* (prép. lat.), destruction, cessation : *désaimer*, cesser d'aimer ; *déballer*, ôter des ballots ; *déteindre*, ôter ou perdre la teinture.

Di, *dis* (prép. lat.), séparation distincte ; *directeur*, *distinguer*, *disposer*.

E, *ex* (prép. lat.), éloignement, départ d'un intérieur : *élever un enfant*, c'est le *lever hors* de la rudesse de la nature ; *émettre une opinion*, c'est la mettre hors de son esprit.

En, *em* (prép. franç.) signifie dans : *encaisser*, mettre dans une caisse ; *emballer*, mettre en balle.

En, *em* (subst. franç. signifiant *de cela*, indique sortie d'un lieu) : *enlever* lever hors d'un endroit ; *emmener*, mener hors d'un lieu.

Entre (prép. franç.), au milieu, à peu près : *entrecolonne*, *entr'ouvrir*. — *Entre* indique aussi réciprocité dans les verbes pronominés : *s'entrelouer*, *s'entredéchirer*, se louer, se déchirer mutuellement.

Extra (prép. lat.), hors de : *extraordinaire*, hors de l'ordinaire : *extralégal*, hors de la loi.

For, *fors* (adv. lat.), hors de : *forfaire à l'honneur*, agir au dehors de l'honneur ; *formariage*, mariage disproportionné, hors des habitudes.

In, *im*, *il*, *ir* (prép. lat.) a quelquefois un sens d'intériorité : *induire*, *importer*, conduire ou porter dans ; presque toujours un sens négatif : *impossible*, qui n'est pas possible.

Inter (prép. lat.), même signification que *entre* : *intervalle*, *interlinéaire*.

Intra, *intro* (subst. lat.), même sens.

Mal, *mau*, *mé*, *més* (du latin *malè*),

(1) Qu'on ne suppose pas qu'il y ait aucune subordination entre ces mots ; ils appartiennent à deux ordres d'idées absolument différents, *primitif* ne s'employant que par rapport au *dérivé*, et *simple* que relativement au *composé*. Ainsi *supposer* est un primitif relativement à *supposition* ; relativement au même mot, *position* est un mot simple ; mais *poser* est seul racine parce qu'il est à la fois simple et primitif.

(2) Les mots *anté* et *anti* se prennent quelquefois l'un pour l'autre : *antidate*, *antichambre*, *anticiper*, pour *antédate*, *antéchambre*, *antéciper*, et au contraire, *Anté-Christ* pour *Anti-Christ*. Ces fautes sont dues ou à une mauvaise prononciation suivie mal à propos dans l'écriture, ou à un respect aveugle pour une orthographe fautive ; espérons cependant qu'elles se corrigeront un jour.

maltraiter, maudire, mépriser, mésestimer, pour mal priser, mal estimer, etc. ; *mé* devant les consonnes, *més* devant les voyelles.

Né, non (du latin), négation : le *néant*, le *non-être.*

Ob, op, oc, of (prépos. lat.), au-devant, pour ; *objection,* raison jetée en avant : *occasion,* hasard qui se présente à nous : *opposer,* poser pour ou contre.

Outre (prép. lat.), *outre-mer,* au-delà de la mer : *outrepasser,* passer au-delà.

Par (prép. franç.), moyen, passage à travers : *parvenir à son but,* y venir par quelque moyen.

Per (prép. lat.), même sens que *par ; perméable,* qu'on peut traverser ; — *Per* indique aussi augmentation ; *persistant,* qui tient toujours.

Pour (prép. fr.), indique le but : *poursuivre,* suivre pour atteindre ; de même, *pourchasser, pourfendre.*

Pré (prép. lat.), en avant, d'avance ; *prédire,* dire à l'avance, *prétendre, préposer,* etc.

Pro (prép. lat.), même signification que *pour,* et de plus il signifie en avant : *produire, prolonger ;* allonger en avant.

Re, ré (du lat. *re*) : ces préfixes indiquent réduplication, retour : *redemander, réitérer, répéter.*

Sé (préfixe latin) indique séparation.

Sou, sous (prép. franç.), infériorité : *soucoupe, sous-ordre.*

Sub, sus, suff (prép. lat.), même signification que *sous; subdivision, subséquent.*

Super (prép. lat.), au-dessus de ; *couleurs superfines,* au-dessus de fines.

Sur (prép. franç.), même sens que *super : surpasser,* passer au-dessus ; *surnom,* nom par-dessus le premier que l'on a.

Tra, trans (prép. lat.), à travers et au-delà : *traverser, transiger, transporter.*

Ultrà (prép. lat.), outre, au-delà : *ultrà-classique,* qui pousse à l'excès les principes de la littérature classique.

CHAPITRE IV.

MÉCANISME DE LA COMPOSITION DES MOTS.

Quand on compose des mots, on tâche toujours que les éléments soient tirés de la même langue : ainsi l'on dira *anathème* et *suspension,* et non pas *ana-pension* ou *sus-thème.* On appelle *hybrides* ces mots composés d'éléments discordants ; ils sont en petit nombre, et accusent l'ignorance ou le mauvais goût des inventeurs.

Parmi les préfixes ci-dessus mentionnés, il y en a qui sont susceptibles de plusieurs formes : ainsi l'on dit *ab* et *abs; ad* devient *af, ag, al, am, an, ap, ar, at.* Ces changements sont fondés sur l'euphonie qui ne permet pas que deux lettres d'intensité différente soient de suite : on dira donc *abduction* et *abstraction; addition, affection, aggraver, attraction, arriver,* etc.

Il en est de même du mot *com* ou *cum* qui devient *co* devant une voyelle : *co-éternel; col* devant *l, collecteur; cor* dans *corrélatif; com* devant une labiale *m, b, p : commettre, combattre, compâtir; con* devant toutes les autres consonnes : *convenir, confondre, connaître, condamner, contrition, conséquent,* etc.

La même analogie fait écrire *em* ou *en,* selon que le mot qui s'y trouve joint commence par une labiale muette ou toute autre lettre : ainsi *emmener, emboîter, emporter ;* et au contraire, *ennui, enduire, enterrer, enserrer, enfreindre, envahir.*

In devient *im, il, ir : immortel, illégal, irrévocable; ob* devient *op, oc, of : opportun, occident, offrir; sub* devient *sus, suf, sug :*

suspens, suffire, suggérer; ad surtout change de forme d'après des analogies pareilles.

Quant aux préfixes *dé* et *dés, mé* et *més, sou* et *sous,* leur différence ne dépend que de la seule condition, savoir, si le mot suivant commence par une consonne ou par une voyelle : *défaire, désarmer; médire, mésoffrir; soucoupe, sous-ordre,* etc.

Il en est de même de *é* et de *ex : ébranler, éconduire; exhorter, exiger,* quoique ce dernier préfixe se place aussi fort bien devant les consonnes fortes, *extraire, excéder.* — *Ex* se place encore devant tous les substantifs indifféremment par quelque lettre qu'ils commencent, lorsqu'il veut dire : *qui a cessé d'être; un ex-ministre, recevant un ex-employé, un ex-préfet;* dans ce cas il s'écrit toujours avec un trait d'union.

Enfin les prépositions et les particules inséparables ne sont pas les seuls éléments qui puissent entrer dans la composition des mots : des adjectifs s'unissent à des substantifs, des noms s'unissent à des verbes, toutes ces espèces s'unissent ensemble, de manière à former de nouvelles combinaisons dont le sens dépend le plus souvent de leurs éléments et quelquefois aussi du caprice de l'usage.

Il n'y a aucune règle à donner sur ces alliances de mots que chacun forme à sa fantaisie, et qu'il est ensuite facile de décomposer; cependant ceux qui ont l'habitude de la langue française sont bientôt frappés d'une observation générale quand il entre un verbe dans la composition du mot : c'est d'abord qu'on le met toujours à la forme absolue, c. à d. à la troisième personne du singulier du présent de l'indicatif devenu invariable; mais ensuite, et surtout pour que le mot ait une tournure française, il ne doit pas avoir plus de trois syllabes sonores (1), et le verbe en particulier n'en doit pas avoir plus d'une; c'est ainsi que sont composés tous ces mots vraiment français : *volte-face, tire-bouchon, porte-feuille, garde-main, serre-papier, garde-meuble, brûle-tout, boute-feu, porte-mèche, garde-vue, rosse-coquin, chasse-cousin,* etc.

Il est visible que les mots *va-et-vient, va-nu-pieds,* etc. sont composés d'après la même analogie et bien composés. Il n'en serait pas de même de ceux-ci : un *enlève-bouchon,* un *conserve-meuble,* un *consume-tout,* etc., qui n'ont plus aucunement tournure française; cette règle n'a été, que je sache, remarquée par personne : elle est pourtant fondamentale.

CHAPITRE V.

Après avoir étudié le sens de nos désinences et de nos préfixes, il ne manque plus pour avoir la liste complète des mots français, en supposant la dérivation et la composition parfaitement régulières, que le recueil de nos racines : c'est là l'objet d'un *Dictiontionnaire étymologique.*

(1) Toute syllabe est sonore quand il entre en elle une autre voyelle que l'*e* muet.

Dans quelle forme doit-il être rédigé? Quelle disposition sera la plus avantageuse? C'est ce que nous pouvons conclure facilement des principes posés jusqu'à ce moment.

La plupart des mots dérivés dépendent, avons-nous dit (p. 54), de deux ou plusieurs formes, dont les unes sont françaises, les autres sont latines : il semble donc naturel de réunir en tête de chaque famille ces formes radicales ou absolues, qui serviront de lien commun à tous les dérivés ou composés; après ces radicaux écrits en petites capitales, se trouveront précédés de la lettre *S* (simples) ou mieux encore des chiffres 1, 2, 3, etc., pour les rapporter à chacun de ces primitifs, les dérivés qu'ils peuvent avoir : après tous les simples, on mettra, en les faisant précéder de la lettre *C*, tous les composés par ordre alphabétique autant que possible. Les lettres *inus. c. s.* indiqueront qu'un mot inusité comme simple a été forgé pour y rattacher ses composés.

Il se trouvera sans doute dans les dérivés ou composés quelques lettres qui auront disparu, comme lorsque de *scrire* (*scribere*) on a fait *écrire*, *décrire*; il sera bon de remettre cette lettre entre parenthèses : *é*(s) *crire*, *dé*(s) *crire*, etc.

Quelques mots aussi présenteront des changements de forme tout-à-fait insolites; comme quand du mot *vertir* on tire *converger*, *diverger*, etc., on les indiquera par un index (☞); on emploiera le même signe pour indiquer les composés dans lesquels le préfixe serait tout-à-fait en dehors de notre liste, comme lorsque le même *vertir* donne *tergiverser*, tourner le dos, ou que l'inusité *voyer* (se mettre en voie, marcher) forme *louvoyer*, aller à la manière des loups.

Enfin parmi les composés on distinguera par la ponctuation les divers degrés de parenté des mots; sans compter le point final qui terminera l'alinéa, on emploiera le *point-virgule* pour séparer les mots qui ne tiennent pas à la même forme du radical; la virgule seulement séparera les mots qui se rattachent à cette même forme; alors la partie commune sera écrite une fois pour toutes, et séparée par un trait d'union de la première terminaison, à la suite de laquelle viendront les autres.

C'est sur ce plan qu'a été rédigé le fragment de dictionnaire qui va suivre : je n'y donne qu'un petit nombre de mots, mon but n'étant que d'indiquer une marche, et non de faire un ouvrage complet; on reconnaîtra du moins, je l'espère, que les mots que j'ai donnés pour modèles sont au nombre de ceux qui ont le plus d'importance dans notre langue.

Ag, act, ig.

1. Ag-ir (i, issant, is, is) ent, ence, encer, enda, ile, ilité, iter, itable, itateur, itation, ace, acer, aceur, aceries.

2. Act-e, eur, uel, ion, ionner, ionnaire, if, ivité, iver.

3. Iger, inusité comme simple, se trouve dans *exiger, transiger, rédiger.*

C. Coact-eur, ion, if; exact, eur, ion, itude; exi-ger, eant, ible, ibilité; inact-if, ion; inexact, itude; réagir, réaction, if; rédiger, rédact-eur, ion; rétroagir, rétroact-ion, if; transiger, transaction.

Bat.

S. Bat-tre (tu, tant, ts, tis), ail, aille, ailler, aillon, tage, tement, teur, terie, toir, ture, te, teler, tèlement

C. Abatt-age, ement, eur, erie, oir, ures, is, re; comba-t, ttre; déba-t, ttre; éba-t, ttre (s'); embatt-age, oir, re; embataillonner; raba-t, ttre, tage; re-battre.

Cap. (*caput*), chap., chev.

1. Cap, e, uce, uchon, uchonner, ucin, ucine, ucinière, ucinade; itaine, itainerie, itan, itane, ital, italiste, itation; iteux, itole, itoul, itoulat, ituler; itulaire, itulation.

2. Chap - e, er, ier, eau, elier, ellerie, elet, elle, elain, ellenie, eler, elure, eron, eronner, eronnier, iteau, itre, itrer.

3. Chef (1), chev-et, écier, écerie, ir, ance, issance, issement, être, eu, elé, elu, elure, ille, iller, illette, illon.

C. Ache-ver, ement; décapit-er, ation; décheveler; derechef; échev-eau, eler, elé; encapuchonner; enchaperonner.

Ced, cès.

1. Céder (é, ant, e, ai).
2. Cès-se, ser, sation, sion, sible, sionnaire.

C. Abcéder; abcès; accéder; accès, sion, sible, sit, soire; antécéd-ent, ence; antécesseur; concéder; conces-sion, sionnaire; décéder; décès; excéder; excès, sif; inces-samment; incessible; inaccessible; intercéder, interces-sion, seur; précéd-er, ent, emment; précession; prédécès; procéd-er, ure; procès, sif, sion, sionnel; sionnaire; récéder; rétrocéder; rétrocessif; succéder, succès, seur, sion, sif.

Cevoir, ciper, capt, cept, cap (*capere*).

1. Cevoir (çu; cevant, çois, çu), du latin *capere*.
2. Ciper, même étymologie, *inus. c. s.*
3. Capt-er, ateur, ation, atoire, ieux, eur, ure, urer, if, iver, ivité, iverie.
4. Cept, *inus. c. s.*
5. Cap-able, acité.

C. Acciper; accep-ter, eur, ion, ation, able; anticip-er, ation; apercev-oir, ance, able; aperception; concev-oir, able; concept, ion, ionnaire; décev-oir, able; décep-tion, eur; inaccept-able; inconcevable; imperceptible; inaperçu; percevoir, percept-ion, eur, if, ible, ibilité; particip-e, er, ation; princip-e, al, alité, auté, ier; recev-oir, eur, able; récept-acle, ion, ible. Suscept-ible, ibilité.

Faire, fire, fier, fac, fic, fact, fect, eet.

1. Fai-re, t, sant, s, fis, fais-able, eur, ance.
2. Fi-re, t, sant, s, s, *inus. c. s.*
3. Fier, *inus. c. s.* voy. la liste des princip. termin. franc. *i-fier*.
4. Fac-iende, iendaire, ile, ilité, iliter, ulté, ultatif; faç-on, onner, onnier.
5. Fic, *inus. c. s.*
6. Fact-eur, orerie, ice, ieux, ion, ionnaire, um, otum, ure, urier.
7. Fect, *inus. c. s.*

C. Affaire; affect-er, ation, ion, ionner, if, ueux; bienfait, bienfait-eur; bienfais-ant, ance; bénéfic-e, ence, iaire, ial; iature, ier; coëfficient; confi-re, sant, seur, ture; confect-ion, ionner; déconfi-re, ture; désinfecter; contre-fai-re, seur; contrefa-çon, ction, cteur; défaire; défectif, ion, ueux, uosité; effect-if, uer; effic-ace, acité, ient; entrefaites; indéfect-ible, ibilité; inefficace, acité; insuffis-ant, ance; forfai-re, t, ture; infaisable; infect-er, ion; malfai-re, teur, sant, sance; maléfic-e, ié, ier, que; malfaçon; méfaire; méfait; offic-e, ial, ialité, ier, iant, iel, ieux, inal, ine; parfai-re, t, tement; perfect-ible, ibilité, ion, onner, ionnement; préfait (qu'on écrit *préfet*); préfecture; profit, profit-er, ant, able; refaire; réfect-ion, ionner, oire, orier, ure; satisfaire; satisfac-tion, oire; surfaire; trafic, iquant, iquer; suffi-re, sant, samment, sance.

---

(1) Je n'ai pas besoin de faire remarquer que *f*, qui termine *chef* et *derechef*, n'est autre chose que le *v* du radical devenu fort parce qu'il termine le mot.

Férer, frir, lat.

1. Fer-er (é, ant, e, ai), *inus. c. s.*
2. Frir (fert, frant, fre, fris), *inus. c. s.*
3. Lat., *inus. c. s.*
C. Ablat-if, ivò ; confér-er, ence ; circonférence ; collat-eur, aire, if, ion, ionner, ionnage ; défér-er, ence ; délateur, ion ; différ-er, ent, ence, enciel, encier, enciation ; dilat-er, able, abilité, ateur, ation, atoire, eur, oire. Indifférent, ence ; infér-er ; interférence ; off-rir, rande, re ; oblat-ion, ionnaire ; mésoffrir ; référ-er, endaire ; relat-er, eur, ion, if ; transférer, transfert ; translater, if, ion, eur ; souffr-ir, ance, eteux.

Mett, mess, miss.

1. Mett-re (mis, mettant, mets, mis), able, eur.
2. Mess-age, ager, ie, e.
3. Miss-ion, ionnaire, ive.
C. Admettre ; admiss-ion, ible ; amiss-ible ; commett-re, ant ; commiss-aire, ariat, ion, ionnaire, oire, ure ; compromettre ; démettre ; démissi-on, ionnaire, oire, ure ; émettre ; émiss-ion, aire ; inadmissible ; inamiss-ible, ibilité ; irrémissible ; entremett-re (s'), eur ; intermiss-ion ; intromiss-ion ; omettre, omiss-ion ; permett-re, permiss-ion ; promett-re, eur ; promesse ; promiss-ion ; réadmiss-ion ; remett-re ; rémiss-ion, ible, orial, ionnaire ; soumett-re ; soumiss-ion, ionner, ionnaire ; transmett-re ; transmiss-ion, ible ;
☞ Intermitt-ent, ence.

Prim, press.

1. Primer (é, ant, e, ai), *inus. c. s.*
2. Press-e, er, ant, amment, age, ément, ette, eur, ier, ion, is, oir, orier, ure, urer, urage, ureur.
C. Comprim-er, eur, able ; compress-e, eur, if, ion, ible, ibilité ; déprimer ; dépress-ion, er, oir ; empress-é, er, ément ; exprim-er, able ; expressément, if, ion ; imprim-er, eur, ure, erie ; impress-es, ion ; incompress-ible, ibilité ; inexprimable ; opprimer ; oppress-er, eur, if, ion ; réimprimer ; réimpression ; réprim-er, able, ande, ander ; répress-ion, if ; supprimer ; suppression.
☞ Près, auprès, exprès ; empreindre, empreint, empreinte, empreignant ; impregner, able, ation.

Put, putat.

1. Put-er (du latin *putare*), *inus. c. s.*
2. Putatif.
C. Amput-er, ation ; comput, iste ; comp (u)t-e, er, eur, oir, able, abilité ; décompt-e, er ; escompt-e, er ; mécompt-e, er ; recompt-er ; déput-er, ation ; disput-er, e, eur ; able, ailler ; imput-er, able, ation ; réput-er, ation ; supput-er, ation.

Rot, rond, rou, roul, rôl.

1. Rot-e, in, ateur, ation, atoire, ifère, ure, urier, ond, ondité.
2. Rond (contract. de rotond), rond-e, ache, elle, elier, eau, elet, eur, in, iner, on.
3. Rou-e, age, ant, er, elle, et, ette.
4. Roul-er, ant, ade, age, eau ; ément, ier, eur, euse, ette, is, oir, on.
5. Rôle, et, er, eur.
C. Arrond-ir, issément ; brouet-te, ter, teur, tier (pour *birouette*, etc.) ; déroul-er, ement ; enroul-er, ement ; enrôl-er, eur, ement ; désenrôl-er ; contrôl-e, er.

Tour, tourn.

1. Tour, tour-et, d, delle, billon, billonner, billonnement, dion.
2. Tourn-er, ant, age, ure, ailler, aire, aise, ette, iquet, oi, oiment, oyer.
C. Atour ; atourner ; bistour-i, ner ; contour, contourner ; détour, détourner, entour-age, er, nure ; pourtour ; retour, retourner ; ritournelle.

Vᴇʀᴛ. ᴠᴇʀs.

1. Vert-ir (i, issant, is, is) inusité ; vert-èbre, ébré, ébral, ex, ical, icalité, icible, icillé, icité, ige, igineux, igo, igueux..

2. Vers (subst. et prép.) vers-er, ade, aine, atile, atilité, e, eau, ement, enne, et, eur, elet, iculet, ion, o, oir.

C. Avert-ir, in, isseur, issement ; advertance ; avers-e, ion ; advers-e, aire, atif, ité ; convert-ir, isseur, issement, issable ; convers, convers-er, ion, ation ; controvers-e, er, iste ; divert-ir, issement ; divers, divers-ion, ité ; envers ; extraversion ; éversion ; inadvertance ; intervert-ir, issement ; inter-version ; invers-e, ion, able ; malvers-er ; ation ; obvers-e, é, ement ; pervertir ; pervers, pervers-ion, ité ; renvers-er, e, ement ; revers, reversi, ible, ibilité, ion ; subvers-if, ion ; travers, travers-e, er, able, age, aire, in, ine, ion ; uni-vers, univers-el, aux, alité, aliser, aliste, alisme, ité, itaire.

☞ Tergiverser.

Converg-er, ent, ence ; diverg-er, ent, ence ; divorc-e, er

Vɪʀ, ɢɪʀ.

1. Vir-er, ant, age, eur, ement, eux, ole, olé, olet, es, elai, eton, on.

2. Gir-on, onner, ouette, ouetteux, ande, andole, asol.

C. Aviron ; environ, onner ; dévirer ; revirer.

☞ Vis, visse ; vrille, vrillon, vrillette ; guirlande, guerfaut, pirouett-e, en.

Vᴏᴜᴅ, ᴠᴏʟᴠ, ᴠᴏʟᴜᴛ.

1. Voudre (vous, volvant, vous, voulus), inusité ; volu-bilis, bilité, ble, me, mineux.

2. Volv-ant, e, aire, oce, ulus.

3. Volut-e, er ; vol(u)t-e, er, iger, igeur, igement.

C. Dévol-u, ution, utif, utaire ; évolution ; involution ; obvoluté ; révol-u, ution, ionner, ionnaire ; revol(u)t-e, er, ant.

☞ Vo(l)ut-e, er ; vouss-oirs, ure ; vautrer (se), pour vol(u)terer.

Vᴏɪʀ, ᴠɪs.

1. Voir (vu, voyant, vois, vis).

2. Vis (empl. dans *vis-à-vis*), vis-a, age, agére, ée, ible, ibilité, ière, ion, ionnaire ; ite, iter, iteur, itation, itandine, itatrice, uel.

C. Aviser ; approvisionn-er, ement ; devi-s, se, ser ; dévisager ; divis-er, eur, ion, ionnaire, ible, ibilité ; envisager ; entrev-oir, ue ; imprév-oyant, oyance, u ; indivi-s, sible, sibilité ; invisib-le, ilité ; prév-oir, oyance, ision ; pourv-oir, oi, u, oyeur, oirie ; provis-ion, ionnel, eur, oire, orerie ; raviser (se) ; rev-oir, ue ; révis-er, eur, ion ; revisiter.

☞ Provident, providence.

Ces exemples suffisent pour montrer 1° comment tous les dérivés et les composés peuvent être placés sous la même racine , bien entendu que cette racine peut avoir deux et quelquefois plusieurs formes ; 2° que la plupart des mots de la langue fran-çaise , et surtout les mots les plus importants ne sont pas jetés au hasard et formés de syllabes rassemblées fortuitement, mais qu'au contraire ils tiennent à des familles extrêmement nom-breuses (1), et que dans les familles respectives chaque mot secondaire porte toujours en lui le sens de la racine modifié se-

(1) Cette qualité est due entièrement à la langue latine d'où la nôtre est tirée. Cette considé-ration et celle qui va suivre répond suffisamment à ceux qui s'étonnent qu'on ne puisse pas savoir le français à fond sans savoir aussi le latin, et qui demandent naïvement à quoi sert l'étude d'une langue morte. Ils ne voyent pas que cette langue morte, étant l'origine et le mo-dèle immuable de la nôtre, est aussi le seul obstacle à la corruption qui envahit si rapidement les langues vivantes, et la seule garantie qu'en conservant les qualités qui les distinguent, la langue française conservera son rang parmi les langues modernes.

lon les règles ci-dessus par sa désinense ou son préfixe (1) ; 3° qu'il suffit donc pour avoir la parfaite intelligence des principaux mots de notre langue, et lorsqu'on connaît bien ces préfixes et ces désinences, de déterminer exactement le sens des racines, ce qui quelquefois nous indiquera dans l'expression de nos pensées une subtilité et une rigueur extraordinaires. Ainsi les mots *rouler, tourner, voudre, virer, vertir* présentent des différences remarquables dans une signification qui au fond est la même ; *rouler,* c'est changer de place à la manière d'une roue de voiture ; il y a rotation et translation ; *tourner,* c'est revenir sur soi-même sans changer de place, comme le pivot, ou comme un tour ou une roue d'horloge ; *virer,* c'est tourner incomplètment ou par saccades, *girouette, revirement; voudre (volvere),* c'est tourner en emportant plusieurs choses dans sa course: *révolution, évolution; vertir,* c'est tourner dans une certaine direction : *intervertir, convertir, version.*

Ces finesses dans le sens des mots, celles qui résultent des formes ptoséologiques de nos mots, ont contribué sans doute à faire de notre idiome la langue rationnelle, la plus exacte et la plus claire de toutes les langues connues : on doit concevoir que ce n'est que par une étude approfondie de ses principes que nous pourrons lui conserver ces admirables qualités ; voyons maintenant comment la structure de la phrase a contribué aussi à les augmenter.

LIVRE IV.

PHRASÉOLOGIE, OU DES MOTS CONSIDÉRÉS DANS LES PHRASES.

PROPOSITION EN GÉNÉRAL.

Pour exprimer une idée individuellement, il ne nous faut qu'un mot ; pour exprimer un jugement, il nous faut une proposition.

Une proposition est donc l'expression d'un jugement.

Elle contient trois termes, savoir : le *sujet* qui exprime l'objet principal de notre jugement ; l'*attribut* qui exprime la qualité que nous comparons actuellement au sujet ; et le *verbe* qui indique si l'attribut nous paraît ou non appartenir au sujet. Ex. *Votre livre est déchiré; votre livre,* voilà l'objet principal de ma pensée, c'est le *sujet : déchiré* est la qualité, la manière d'être que je lui compare en ce moment ; c'est l'*attribut : est* est le verbe ; il indique que dans mon esprit la qualité représentée par le mot *déchiré* appartient au sujet *votre livre.*

(1) On pourra voir par là qu'il y a bien des mots dont le sens étymologique est plus vrai que le sens usuel. Nous regardons souvent *avis* comme synonyme d'*avertissement;* il y a cependant une grande différence : *avertir,* c'est *détourner* l'attention de quelqu'un vers un objet ; *avis* vient d'*aviser,* c'est mettre la vue ou la vision sur un objet. D'abord il semble que ce soit la même chose ; mais la différence éclate dans les dérivés, car on dit *se raviser.* On ne peut pas dire *se réavertir; réavertir* sera nécessairement actif, *se raviser* pourra fort bien être réfléchi. Cette analogie dans les lettres m'a fait dire (*Phil. de la lang. franç.,* p. 39) que j'*enverrai* n'est pas le futur d'*envoyer,* mais d'*envoir;* ni *je prévoirai,* celui de *prévoir,* mais de *prévoyer.* J'aime mieux admettre des mots inusités que des irrégularités sans usage.

Plusieurs grammairiens prétendent que le verbe ne fait pas un terme à part ; mais qu'il est toujours compris dans l'attribut dont il forme le commencement : ils trouvent à cette définition l'avantage que le verbe n'est jamais négatif, la négation pouvant toujours tomber sur le reste de l'attribut. Si je ne me trompe, cette dernière manière de considérer la proposition est moins claire pour les enfants.

Les termes de la proposition, placés dans l'ordre que j'indique, sont dits être dans l'ordre *analytique* ou *rationnel*. Ex. *Un cercle est rond ; un cercle est non carré.* Dans ces exemples le sujet, le verbe et l'attribut sont dans un ordre analytique.

L'arrangement des mots dans les phrases n'est pas toujours conforme à cet ordre analytique ; de là diverses sortes de *constructions*, que nous devrons étudier successivement.

De plus, les mots sont soumis à un certain choix des formes qu'ils doivent prendre ; ainsi il ne faut pas dire *j'aimons*, mais *nous aimons ; ils étions*, mais *ils étaient*, etc. La partie de la phraséologie qui traite du choix de ces formes s'appelle *syntaxe* ; on voit qu'elle est tout-à-fait indépendante de la construction.

Ces deux parties constituent, à proprement parler, la *phraséologie* ; il faudra y joindre une troisième partie qui traitera des *gallicismes*. On appelle ainsi certaines tournures propres à la langue française, et qui semblent s'éloigner des règles ordinaires de la construction ; nous tâcherons cependant de les y ramener.

PREMIÈRE PARTIE. — *De la construction* (1).

On entend par *construction* l'arrangement des mots dans la phrase, eu égard seulement à la place qu'ils y occupent.

Il y a deux sortes de construction, la construction *usuelle* et la construction *analytique* (2) ; examinons-les successivement en commençant par celle-ci :

CHAPITRE I.

CONSTRUCTION ANALYTIQUE.

A. La construction analytique (3) consiste à placer les mots dans l'ordre successif des relations qu'ils expriment, présentant d'abord les idées qui doivent être modifiées, puis les idées modifiantes, ou, en d'autres termes, le *sujet* d'abord, ensuite *l'attribut*. Ex. *Dieu est bon ; la vertu est aimable ; le vice est honteux.*

Ces termes eux-mêmes peuvent se trouver joints à des mots qui en restreignent, en étendent ou en limitent le sens, et qui doivent se placer immédiatement à côté d'eux pour que le sens soit perçu par nos auditeurs tel que nous l'avons dans l'esprit, et non

(1) Ce chapitre sera presque entièrement extrait de l'excellent article inséré par Dumarsais dans l'*Encyclopédie* (gram. et littér., mot *construction*).

(2) Dumarsais y ajoute la *construction figurée* ; nous en parlerons dans la partie de la grammaire qui traitera du style et par conséquent des figures ; ce traité n'appartient pas à la *stichiologie.*

(3) Dumarsais l'appelle construction *nécessaire, significative, énonciative, simple, naturelle ;* j'ai dû préférer à tous ces noms celui que l'usage le plus général paraît avoir adopté.

pas autre. Ex. *Les Scythes, qui habitaient les bords du Tanaïs, étaient un des plus anciens peuples du monde.* Les termes sont ici : SUJET, *les Scythes;* VERBE et ATTRIBUT, *sont un peuple;* mais le sujet *Scythes* est déterminé par cette phrase : *qui habitaient les bords du Tanaïs;* l'attribut, *peuple,* est déterminé par cette autre : *des plus anciens peuples du monde;* de sorte qu'il peut y avoir des termes déterminés par d'autres termes, ou par des propositions entières.

Ces accidents se nomment des *modificatifs.*

Ils peuvent entrer dans l'un ou l'autre des termes de la proposition, mais n'en augmentent pas le nombre, et par conséquent la proposition n'a jamais que trois termes (1).

On peut donc énoncer ainsi le principe de la construction analytique : *placer d'abord le sujet et tout ce qui en limite ou en développe le sens; puis le verbe avec ses circonstances de temps et de lieu; puis l'attribut et tout ce qui en détermine la signification.*

B. *Division des sujets et des attributs.*

L'absence ou la présence des modificatifs dans les termes de la proposition les a fait distinguer en plusieurs espèces. En voici les noms.

Le sujet est simple quand il est exprimé par un seul mot, soit au singulier, soit au pluriel. Ex. *Le soleil est couché, les astres brillent,* sont deux propositions dont le sujet est simple (2).

Le sujet est *multiple* quand, pour abréger, on donne un attribut commun à plusieurs objets différents. Ex. *La foi, l'espérance et la charité sont les trois vertus théologales;* ici les trois mots *la foi, l'espérance et la charité* sont le sujet multiple. Il en est de même dans cet exemple : *Saint Pierre, saint Jean et saint Mathieu étaient apôtres.*

Le sujet est *complexe* quand il est accompagné de quelque adjectif ou de quelque autre modificatif. Ex. *Alexandre-le-Grand,* ou *Alexandre, fils de Philippe,* ou *Alexandre qui vainquit Darius était un prince puissant,* sont trois propositions dont le sujet *Alexandre,* déterminé de trois manières différentes, forme trois sujets complexes (3).

Enfin le sujet peut être énoncé en plusieurs mots qui forment entre eux tous un sens équivalent à celui d'un nom, comme dans cette phrase : *croire à l'Evangile et vivre en payen est une extravagance inconcevable.* Il est clair que le sujet est ici *croire à l'Evangile et vivre en payen,* et que les deux idées qui le composent sont inséparables ; car à aucune d'elles en particulier ne pourrait s'appliquer l'attribut *extravagance inconcevable;* il ne convient qu'à leur réunion, parce qu'elles sont contradictoires (4).

(1) Ou deux, si l'on veut comprendre le verbe dans l'attribut.

(2) Les articles sont regardés comme ne faisant qu'un seul mot avec le nom qu'ils précèdent.

(3) On voit tout de suite qu'il y a un sujet complexe dans cette phrase : *bien vivre est un moyen sûr d'être heureux;* car *vivre* est déterminé par *bien;* il en est de même de celle-ci : *c'est un grand art de cacher l'art :* mais il y a de plus une inversion; la construction analytique serait : *ce* (savoir *de cacher l'art*) *est un grand art.* Nous le verrons, au reste, en étudiant les gallicismes.

(4) Beauzée divise autrement les sujets et les attributs. Sa division me semble moins claire et moins avantageuse que celle de Dumarsais.

Les sujets de cette dernière espèce peuvent recevoir toutes les modifications des autres, et par conséquent devenir les plus embarrassants de tous;
mais, avec un peu d'attention, on vient à bout de s'en rendre compte.

L'*attribut* reçoit évidemment les mêmes distinctions que le *sujet;* et les *propositions* à leur tour se distinguent de même selon
la quantité de leur sujet ou de leur attribut en *simples, multiples*
ou *complexes.* Cela est trop facile pour que nous ayons à nous y
arrêter.

C. *Division des propositions.*

Les propositions ne sont pas seulement *simples, multiples* ou
complexes par leur sujet ou leur attribut : en les considérant entre
elles, on trouve qu'elles sont *absolues* ou *relatives.*

Une proposition *absolue* est celle qui n'a besoin, pour être parfaitement comprise, que des mots dont elle se compose : *le temps
est à l'orage, la mer est calme, la musique est la langue du cœur,*
sont trois propositions *absolues* ou *complètes,* car l'esprit n'attend
plus rien après elles.

Une proposition est *relative* ou *partielle* lorsque le sens qu'elle
exprime suppose un autre jugement, et par conséquent une autre
proposition pour compléter la première : ainsi dans *les astronomes
disent que Jupiter a quatre lunes, les astronomes disent* voilà la
première proposition dont le sens est incomplet jusqu'à ce qu'on
sache ce qu'ils disent, savoir que *Jupiter a quatre lunes:* Ces mots
viennent donc déterminer la première proposition.

Deux pareilles propositions sont *corrélatives* l'une de l'autre ;
leur réunion forme une proposition *composée.*

Dans une proposition composée l'une des deux corrélatives
n'ayant d'autre objet que de déterminer l'autre, on dit qu'elle est
secondaire, subordonnée ou *déterminante.* Celle qu'elle détermine
est la proposition *principale.* Ex. *Je vous enverrai un livre si vous
le désirez;* PROP. PRINC., *je vous enverrai un livre;* PROP. SECOND.,
si vous le désirez; elle détermine la première par l'expression
d'une condition. *Je demande à mon frère qu'il m'envoie ses enfants,*
PROP. PRINC., *je demande à mon frère;* PROP. SECOND., *qu'il m'envoie ses enfants.* Cette deuxième phrase n'est ici que pour determi-
ner le complément de la première, c. à d. ce que je demande.

La proposition secondaire commence toujours comme on le voit par une
formule conjonctive, soit qu'on emploie une de nos conjonctions subjonctives
(*comme, comment, que, quoique, si*). Ex. *Il voulait savoir comment j'étais en-
tré;* ou l'une des formes des articles conjonctifs (*qui, quel, quand*). Ex. *Savez-
vous quand se fera la vendange?* ou une réunion de mots formant conjonction
composée (*au cas que, pourvu que, en attendant que*). Ex. *Je vous écris en
attendant que je puisse vous voir* (1); ou qu'enfin la conjonction soit sous-entendue. Ex. *D'où vient faites-vous cela* (Académie)? pour *d'où vient que vous
faites cela* (2)?

(1) Il est évident que ce cas rentre dans le premier.

(2) Ce cas de la suppression de la conjonction n'existe en français que pour peu de phrases;
il revient à tout moment en anglais, où le *that* (que) se sous-entend, on peut le dire, dans les
neuf dixièmes des phrases où il pourrait entrer.

Réciproquement toute phrase qui commence par une conjonction subjonctive est secondaire : cela est évident quand la proposition principale est placée devant : *nous savons que la vertu seule peut rendre l'homme heureux.* Il en est de même lorsque la proposition secondaire commence la phrase; il n'y a qu'un renversement à faire pour retrouver la disposition précédente. Ex. *Comme je rentrais chez moi, il m'a arrêté,* c. à d. *il m'a arrêté,* PROP. PRINC.; *comme je rentrais chez moi,* PROP. SECOND.

Mais la proposition principale peut manquer tout-à-fait; il faut alors la rétablir pour retrouver dans la phrase qui nous est donnée une proposition secondaire commençant par une formule conjonctive. Ex. *D'où venez-vous?* c. à d. *dites-moi d'où vous venez; qui est là?* pour *dites-moi qui est là; plaise au ciel que vous réussissiez!* pour *je souhaite qu'il plaise au ciel,* etc.

Les propositions secondaires prennent différents noms selon leur objet ou la place qu'elles occupent; on les appelle 1° *explicatives* quand elles ne font qu'expliquer le sens d'un mot. Ex. *L'homme, qui est un animal raisonnable, doit s'attacher à régler ses passions.* La proposition *qui est un animal raisonnable* explique le sens du mot *homme* sans le changer aucunement ; 2° *restrictives* ou *déterminatives* quand elles restreignent le sens du sujet à une certaine partie de son étendue naturelle. Ex. *L'homme que nous venons de rencontrer est fort savant;* la phrase *que nous venons de rencontrer* est *restrictive* parce qu'elle restreint à un seul individu le sens du nom commun *homme;* 3° restrictives ou explicatives, les propositions sont appelées *incidentes* (1) quand elles sont enclavées dans la proposition principale ; ainsi dans cette phrase : *Marc-Aurèle, qui fut un bon prince, mérite d'être honoré;* les mots *qui fut un bon prince* forment une phrase *incidente* puisqu'elle tombe entre le sujet *Marc-Aurèle* et son attribut.

Rem. Cette phrase ne porterait plus le nom d'*incidente* si l'on tournait ainsi son discours : *il faut honorer Marc-Aurèle, qui fut un bon prince.* Le nom d'*incidente* ne s'applique donc aux phrases qu'en raison de la place qu'elles occupent.

On dit enfin qu'une proposition est *directe* quand son verbe est à l'*indicatif,* et *indirecte* ou *oblique* quand il est au *conjonctif* (2).

CHAPITRE II.

CONSTRUCTION USUELLE.

La construction *usuelle* est celle que suit chaque langue dans l'arrangement des mots de ses phrases.

Cet ordre peut être fort différent de l'ordre analytique : ainsi nous disons *un bel habit,* quoiqu'il fût rationnel de rejeter *un* et *beau* après *habit,* puisqu'ils le déterminent; ces différences entre

(1) J'aimerais mieux *insidentes* (de *insidere*) qui me semblerait marquer plus exactement le rôle que jouent ces phrases.

(2) Dumarsais distingue encore les propositions *pleines* ou *explicites* des propositions *implicites* ou *elliptiques;* nous aurons occasion d'en parler dans notre chapitre des gallicismes, et dans notre traité des figures. Quant à la division des propositions, 1° en *affirmatives* et *négatives;* 2° en *universelles, particulières* et *individuelles;* 3° en *vraies* ou *fausses;* 4° en *certaines* et *douteuses,* elle appartient plus à la logique qu'à la grammaire élémentaire.

les deux constructions ont ordinairement pour objet d'augmenter la clarté, la précision, la rapidité du langage; nous en trouverons la preuve dans les exemples suivants.

Nous aurons, pour nous rendre compte de la construction usuelle, à examiner la proposition 1° dans son ensemble, 2° dans ses termes, 3° dans ses relations avec d'autres propositions.

A. *Proposition dans son ensemble.*

1° Une proposition simple et purement énonciative met les termes dans l'ordre analytique. Ex. *Dieu est éternel; cet homme est savant; il chante une romance.*

Rem. Cette dernière proposition s'analyse ainsi : SUJET, *il*; VERBE, *est*; ATTRIBUT, *chantant une romance*.

2° Si la proposition est négative, la négation *ne* se place avant le verbe, et le mot qui l'accompagne comme *pas, point, jamais,* etc. se place après lui. Ex. *Il ne sera jamais mon ami; vous ne faites pas votre devoir; ne tourmentons personne.*

3° Si le verbe est à un temps composé, ces mots se mettent après l'auxiliaire s'ils sont adverbes ou se comportent comme tels; si au contraire ce sont des substantifs ou des adjectifs pris substantivement, on les place après la forme impersonnelle. Ex. *Je n'ai jamais nui aux autres; s'il n'était pas tombé; vous n'avez fait aucune démarche.*

4° Si la phrase est interrogative, le sujet exprimé par un pronom ou le substantif *on* se met après la forme personnelle du verbe. Ex. *Suis-je cruel envers lui? avez-vous été assez bon? est-on content? sera-t-il trop puni?*

Remarquez le *t* placé entre *il* et *sera* : c'est une lettre euphonique, c. à d. destinée à empêcher l'hiatus ou la rencontre des deux voyelles *sera-il*.

5° Le sujet peut être exprimé par un nom : il se met alors devant la forme personnelle du verbe, mais on répète ensuite comme tout à l'heure le pronom de la même personne. Ex. *Votre frère est-il parti? vous, vaincus et sans espoir, irez-vous rejeter ces conditions?*

6° Si l'interrogation se fait par l'un des conjonctifs *qui, que, où, quel, quand, quoi, combien,* on met le sujet après le temps personnel du verbe si c'est un pronom : *où sommes-nous? où doit-on descendre? quand devons-nous arriver?* et si c'est un nom, on le place après le temps tout entier du verbe, qu'il soit simple ou composé. Ex. *Que demande votre père? quand doit partir la diligence? où sont descendus les voyageurs?*

7° Dans ce dernier cas on peut encore, comme dans le n° 5, exprimer le sujet devant le temps personnel du verbe, et répéter après lui le pronom de la même personne. Ex. *Quand la diligence doit-elle partir? où les voyageurs sont-ils descendus?*

Rem. C'est toujours cette forme qu'il faut prendre quand nous avons à mettre après le verbe un mot qui le détermine. Ex. *Où ce cocher mène-t-il ses chevaux?* et non pas *où mène ce cocher ses chevaux?*

8° Si l'interrogation est négative, on ajoute *ne* et *pas*, l'un avant, l'autre après le verbe comme dans le n° 2, en observant que le pronom, s'il y en a un, doit toujours suivre immédiatement ce verbe. Ex. *Ne suis-je pas bien malheureux? que ne faut-il pas faire pour le contenter? que n'aurait-il pas demandé cet insensé?*

B. *De la proposition dans ses termes.*

Le sujet et l'attribut se compliquant exactement de la même manière, savoir par l'addition d'un adjectif ou d'un nom précédé d'une préposition, ou par quelque phrase déterminative (ce qui fera l'objet du paragraphe suivant), ce que je dirai de l'un devra s'entendre de l'autre.

1° Les articles se placent généralement devant leur substantif : *mon ami, le livre, cet homme, quatrième compagnie;* les numéraux multiplicatifs se placent avant ou après : *simple histoire; des goûts simples; double bierre; encre double,* etc.

2° Les adjectifs qualificatifs, dont l'usage est très-commun et qui sont eux-mêmes courts, se comportent dans la phrase comme des articles : *bonne place; méchant homme; grand poète; sot livre,* etc.

3° Sont soumis à la même règle quelques adjectifs qui se lient habituellemet avec un substantif particulier : *un vil scélérat; une basse naissance; bois de haute futaie;* quoique ces adjectifs avec d'autres noms se missent en dernier lieu : *un homme vil; une chambre basse,* etc.

4° On place dans l'ordre analytique, c. à d. après le nom, surtout s'ils sont plus longs que lui, les adjectifs qui ne rentrent pas dans l'une des classes ci-dessus : *citoyen libre; homme indépendant; invention utile.*

5° Les participes suivent cette analogie : *eau dormante; action admirée; vers récités.*

6° Enfin il y a des adjectifs qui changent de signification en changeant de place : un *homme honnête* est un homme poli, bien élevé; un *honnête homme* est un homme probe ; un *homme grand* est un homme d'une haute taille; un *grand homme,* un homme tout-à-fait remarquable par ce qu'il a fait d'éminemment utile ou glorieux.

7° La présence d'une préposition après l'adjectif rétablit toujours l'ordre analytique ; ainsi vous direz : un *digne homme* et un *homme digne de louanges;* une *haute montagne* et une *montagne haute de deux mille mètres.*

Rem. La même chose aurait lieu si la préposition joignait deux noms entre eux : dites *tailleur pour homme,* et jamais *pour homme tailleur; habit à la mode,* et non *à la mode habit.*

8° L'adverbe se place ordinairement devant l'adjectif. Ex. Ainsi *cet homme est complètement imbécille; de l'eau parfaitement pure; raison entièrement absurde.* Il se place au contraire après le verbe : *je l'aimais chèrement; je finirai promptement; il dessine agréablement.* Les participes qui tiennent du verbe et de l'adjectif prennent l'adverbe avant ou après eux : *cet ouvrage est parfaitement écrit,* ou *écrit parfaitement; il a sauté lestement ce fossé,* ou *il l'a lestement sauté.*

Rem. 1° Par analogie on place l'adverbe avant ou après l'infinitif dans les temps composés : *je dois promptement terminer cette affaire*, ou *terminer promptement* ; *je vais ingénument raconter*, ou *raconter ingénument cette histoire* ; 2° le choix n'est plus libre avec *venir de* ; la préposition exige qu'on replace l'adverbe après le verbe : *je viens de parcourir rapidement votre manuscrit*, et non *de rapidement parcourir* ; 3° ce que nous disons des adverbes doit s'entendre également des noms abstraits qui se prennent si souvent comme adverbes.

9° Les prépositions et les conjonctions se plaçant toujours devant le nom ou la phrase qu'elles régissent ne peuvent donner lieu à aucune difficulté.

Telles sont les règles les plus générales sur la place que peuvent occuper entre eux les mots qui forment le sujet ou l'attribut : si elles ne sont pas absolument sans exception, au moins trouvent-elles leur application dans la plus grande partie des cas.

C. *Propositions en dépendance.*

Deux ou plusieurs propositions peuvent s'unir l'une à l'autre à l'aide d'une conjonction : celle-ci commence nécessairement la proposition secondaire. Ex. *J'ai pensé que vous seriez bien aise d'apprendre cette nouvelle ; il s'est conduit comme il le devait ; si vous venez ici, j'en serai charmé.*

Rem. Cette dernière phrase montre, ce que nous avons déjà vu, que la proposition secondaire peut être placée avant la principale.

Le sens de la conjonction peut être et est en effet compris dans un de nos articles conjonctifs, comme *qui, quel, quoi, quand, combien, où.* Sur quoi il faut remarquer qu'en leur qualité de conjonctions, ils doivent commencer leur phrase, mais qu'en leur qualité de noms, ils peuvent être régis par une préposition ou un autre nom qu'il faut alors nécessairement mettre avant eux. Il y a donc pour ces sortes de phrases une construction pour ainsi dire spéciale, dont les phrases suivantes donneront les exemples et en même temps la règle.

1° *J'ai lu le livre que vous m'avez prêté. Que,* article conjonctif, ne peut déterminer qu'un verbe ; il se met toujours au commencement de la proposition ; il en est de même du subjectif *qui,* de l'attributif *où,* et de l'ablatif *dont* dans l'article conjonctif.

2° *J'ai vu l'homme à qui vous m'avez recommandé. Qui* complétif et les autres formes du même cas reçoivent devant elles la préposition qui les régit.

3° *Voici la veste et l'habit duquel vous avez déchiré les manches. Quel,* précédé de l'article *le,* reçoit encore devant lui la préposition qui le régit, soit qu'elle se contracte ou ne se contracte pas avec l'article *le.*

4° *Voici l'habit sur les manches duquel vous avez répandu de l'huile. Quel,* précédé de l'article *le,* et complément d'un autre nom, reçoit devant lui non-seulement la préposition qui le régit, mais ce nom lui-même s'il est précédé d'une préposition.

5° Il pourrait même recevoir avant lui deux ou plusieurs noms joints ensemble par les conjonctions isocèles *et, ou,* et régis par la même préposition, ou par plusieurs. Ex. *Voici l'habit sur les manches, le collet et les basques duquel vous avez répandu de l'huile ; est-ce là cet homme par les conseils et dans l'intérêt duquel vous avez abandonné votre place?*

Voilà à peu près les formes les plus compliquées que puissent prendre les diverses parties de la phrase française. On remarque que les conjonctions isoscèles ne peuvent y amener aucun trouble, aucune complication, puisqu'elles ne joignent jamais que des propositions qui ne sont pas subordonnées l'une à l'autre.

L'attribut peut se compliquer comme le sujet; et l'on imagine alors facilement comment ces constructions peuvent se combiner entre elles.

Quant au verbe, il ne se complique guère que par des noms de temps ou de lieu dont la forme n'est jamais embarrassante.

Nous avons donc dit sur la construction ce qu'il était indispensable de savoir.

DEUXIÈME PARTIE. — Syntaxe.

Si les mots étaient invariables, leur place seule pourrait déterminer leurs relations, et l'étude de la phrase se réduirait à celle de la construction. Mais, au contraire, les mots reçoivent dans nos langues des inflexions différentes; ces inflexions doivent donc, selon certaines conventions, être admises ou rejetées. C'est là l'objet de la *syntaxe*, ou de cette partie de la phraséologie qui règle l'usage et le choix des formes variables des mots.

Avant tout, la grammaire distingue, entre les mots qui représentent nos idées, deux relations principales, la relation d'*identité*, et la relation de *différence*. Si je dis *cet homme est instruit*, les quatre mots ou les trois termes qui composent cette phrase ne représentent à l'esprit qu'un seul et même individu; il y a entre eux relation d'identité; ce que l'on exprime en disant qu'ils se rapportent les uns aux autres.

Au contraire, si je dis : *cet homme est plein de savoir*, il y a bien identité d'objet désigné pour les quatre mots *cet homme est plein;* il n'y en a plus entre ceux-ci et les suivants : le savoir n'est pas du tout le même être que l'homme qui en est rempli ; il y a donc entre le mot *plein* et le mot *savoir* relation de différence, ce que l'on exprime en disant que le second *détermine* le premier, ou qu'il le *complète.*

On dit aussi qu'il en est le *complément.* Le sens de ce mot, fort usité en grammaire, est donc entièrement fixé par l'explication précédente, et l'on voit qu'il doit toujours s'employer en parlant d'un mot qui en détermine un autre par relation de *différence* et non d'*identité.* Ainsi l'attribut n'est pas le complément du sujet quoiqu'il le détermine; mais le sujet et l'attribut peuvent avoir et ont en effet, chacun de son côté, des compléments qui peuvent eux-mêmes en recevoir d'autres à leur tour.

C'est sur cette distinction de relations d'*identité* et de *différence* qu'est fondée la division de la syntaxe. Nous venons de voir en effet qu'on ne peut pas, dans les langues à mots variables, prendre indifféremment toutes les formes. Ainsi cette phrase *les cheval*

servez *bien sa maitre* ne nous présente aucun sens, tandis que celle-
ci : *le cheval sert bien son maitre,* est parfaitement claire. Il n'y a
pourtant de différence entre l'une et l'autre que dans le choix des
formes des mêmes mots : c'est partout l'article *le,* le substantif
cheval, le verbe *servir,* le nom abstrait *bien,* l'article possessif *son,*
le substantif *maitre.*

Quelle n'est donc pas l'importance du choix de ces formes ? Or
il ne peut être déterminé que par la double relation dont nous
venons de parler, et par conséquent la syntaxe se divise naturellement en deux parties : *syntaxe d'identité* ou de *concordance* lorsqu'il faut arranger entre eux des mots qui expriment le même
être : et la *syntaxe de détermination* ou de *régime* lorsque les mots
sont compléments les uns des autres, c. à d. lorsqu'ils se déterminent par relation de différence.

SECTION PREMIÈRE. — Syntaxe d'identité.

La syntaxe d'identité traite des accords de *l'adjectif,* du *pronom*
et du *verbe.* Lorsque les *substantifs* s'accordent avec quelqu'autre
mot, c'est qu'ils sont pris eux-mêmes adjectivement et par conséquent ils suivent la règle des adjectifs.

Rem. On dit en grammaire que deux mots s'accordent ensemble quand ils
prennent, autant que le comporte leur nature, les mêmes modifications de
nombre, de genre, de personne, etc. Ainsi dans cette phrase : *la jeune Stéphanie
est timide, la, jeune, timide* sont au *singulier féminin,* parce que le mot *Stéphanie,* auquel ils se rapportent, est du féminin et du singulier ; *est* est à la
troisième personne et au singulier, parce que le même substantif *Stéphanie,*
son sujet, est au singulier et à la troisième personne.

CHAPITRE I.

ACCORD DE L'ADJECTIF.

A. *Adjectif proprement dit* et *article.*

1° L'adjectif s'accorde en genre et en nombre avec son substantif :
*un bon homme, une bonne femme ; des hommes instruits, des femmes
instruites ; une robe bleue, des rubans rouges,* etc.

2° Si l'adjectif se rapporte à un autre adjectif ou à un verbe, il
se met à la forme adverbiale : *il parle lentement; tableau largement
dessiné; costume entièrement noir,* etc.

Rem. Dans le petit nombre de cas où un adjectif au masculin détermine
un verbe, comme dans *frapper fort, parler bas, chanter juste,* etc., nous avons
vu que ces expressions étaient abréviatives (voy. Ptoséologie, ch. II, D.) et
comment il fallait les entendre ; elles ne détruisent donc pas notre règle.

3° La même règle doit s'appliquer si l'adjectif détermine un substantif pris adjectivement. Ex. *Il a été complètement dupe dans
cette affaire ; je n'ai jamais vu personne aussi obstinément fripon
que l'a été votre procureur.*

4° L'adjectif qui se rapporte à plusieurs noms au singulier se met
au pluriel. Ex. *Un chêne et un orme renversés par le vent; jetez
cette rose et cette tulipe fanées depuis deux jours.*

5° Si les deux noms sont de différents genres et indiquent des êtres animés, mettez l'adjectif au masculin pluriel. Ex. *Un homme et une femme contrefaits ; voilà un canard et une perdrix bien délicats.*

Rem. Ce que nous disons de l'adjectif en général doit s'entendre aussi de l'adjectif conjonctif *qui, quel, lequel.* Ainsi on dira *l'homme qui, qui* masculin ; *la femme qui, qui* féminin : *la dame et la demoiselle qui sont sorties ; le père et la fille qui sont rentrés,* etc., etc.

6° Si les deux noms expriment des êtres inanimés, on ne fait accorder l'adjectif qu'avec le dernier, on le sous-entend après le premier. Ex. *Avoir les pieds et la tête nue ; il trouva l'étang et la rivière glacée ; armez-vous d'un courage et d'une foi nouvelle* (1).

7° S'il y a un verbe entre les deux noms et l'adjectif, cette dernière règle n'a plus lieu : il faut nécessairement mettre l'adjectif au pluriel. Ex. *Le rubis et la topaze sont plus précieux que le cristal,* et non *précieuse ; votre amour et votre haine me sont indifférents,* et non *indifférente.*

Rem. Cela vient de ce que le verbe réunit les deux objets dont on parle sous un même point de vue, et ne permet plus de les séparer ; il en serait de même si l'adjectif, par son propre sens, avait la même force. Ainsi dites : *je crois ce diamant et cette perle égaux en valeur,* et non *égale,* car l'adjectif *égal* suppose la comparaison et d'abord la réunion des deux objets.

8° Par la raison contraire plusieurs adjectifs au singulier peuvent déterminer un seul nom au pluriel si, toute distribution faite, chaque adjectif ne doit déterminer qu'un seul être ; ainsi dites : *les langues grecque et latine ont puissamment contribué à enrichir la nôtre ; les couleurs bleue, rouge et blanche sont nationales en France.*

9° Quelques adjectifs se prennent dans un sens absolu, et ne s'accordent pas avec leur substantif ; dans ce cas ils sont toujours placés avant lui : *aller nu-tête, à mi-côte, sauf mes intérêts, une demi-livre, feu la reine,* etc. Ces adjectifs sont du reste en fort petit nombre.

10° Quant aux adjectifs composés, nous avons vu (2) comment ils devaient s'écrire et que leur orthographe ne dépend que du sens et de la nature des mots qui entrent dans leur composition : mais il n'y a pas pour eux de règle particulière ou qui ne rentre dans un des cas précédents.

B. *Participe présent.*

Nos *participes* ou adjectifs verbaux sont soumis en général aux mêmes règles que les adjectifs ; cependant quelques difficultés qui sont particulières à leur étude exigent que nous en traitions séparément.

Commençons par le participe présent.

___

(1) Racine, *Athalie,* acte IV, sc. 2. — M. Boniface, à qui j'emprunte cet exemple, croit (*Gr.,* p. 88.) que c'est offenser la grammaire que de mettre au singulier un adjectif qui se rapporte à deux noms. C'est à tort ; rien n'est si commun dans les langues que cette figure qui s'appelle *zeugme ;* c'est une espèce d'ellipse.

(2) Ptoséologie, chap. II, D.

1° Le participe présent, en tant qu'adjectif, s'accorde avec le nom auquel il se rapporte. Ex. *Une eau dormante, des exemples frappants, des mœurs charmantes.*

2° Cette règle subsiste à plus forte raison pour les participes que le retranchement habituel du nom qu'ils déterminent fait passer en quelque sorte à l'état de substantif. Ex. *Les descendants de Clovis, les battants d'une porte, les habitantes des marais.*

3° Mais si le participe est suivi d'un complément par analogie avec le verbe dont il retient alors toute la signification et qui ne change pas selon les genres, donnez-lui la forme absolue et invariable, et dites : *une femme lisant un livre, plusieurs hommes chantant en chœur, les ombres tombant des montagnes* (1).

Rem. Si le participe se rapporte à un pluriel masculin, et qu'il termine un vers ou un membre de phrase, on peut également le mettre à la forme absolue, ou le faire accorder malgré son régime, pourvu que celui-ci le précède. Ex. *De travailler pour lui les membres se lassant* (La Fontaine) ; *des laquais l'un l'autre s'agaçants* (Boileau).

4° Le participe est encore invariable si, sans placer de régime après lui, on veut surtout appeler l'attention sur l'action présente qu'il exprime plutôt que sur une manière d'être habituelle. Ex. *Une femme lisant, des élèves travaillant,* c. à d. *lisant actuellement, travaillant actuellement.*

5° La préposition *en* placée devant un participe le fait toujours prendre dans sa forme absolue et invariable. Ex. *La victoire en chantant, les élèves s'instruisent en lisant* (2).

C. *Participe passé.*

L'infinitif passé et le participe passé ont chez nous la même forme ; mais le premier est invariable : *j'ai mangé, j'ai achevé, j'ai lu* ; le second comme adjectif prend le genre et le nombre du nom auquel il se rapporte : *une pêche mangée, des livres lus, des travaux achevés.* Il n'est donc pas permis de confondre l'un avec l'autre, et par conséquent c'est à les distinguer que doivent tendre nos efforts ; les règles suivantes nous en donneront les moyens.

1° Immédiatement après un nom, et comme attribut de ce nom, on ne peut placer qu'un adjectif ; il faut donc prendre le participe, c. à d. la forme variable ; ainsi écrivez : *un habit déchiré, une chemise déchirée ; des tiroirs ouverts, des portes ouvertes.*

2° Avec le verbe être il faut encore et toujours employer le participe ; car ce verbe ne fait rien dans la phrase que joindre l'attribut au sujet, ou, en d'autres termes, l'adjectif au substantif. Ex. *Il est venu, elle est venue ; ils sont venus, elles sont venues.*

3° Le verbe *avoir* comme verbe de possession veut un substantif pour complément : or le substantif dans le verbe, c'est l'infi-

---

(1) Cette règle n'en a pas toujours été une ; jusqu'à Pascal, les participes présents ont toujours été variables. Montaigne dit qu'*Édouard ne put estre arresté par les cris du peuple et des femmes et enfants abandonnés à la boucherie, luy criants mercy, et se jectants à ses pieds* (*Essais,* liv. I, chap. I.).

(2) Voyez, pour tous les détails possibles à cet égard, l'excellent traité du participe de M. Bescher dont je suis loin toutefois de partager le sentiment.

nitif ; vous écrirez donc avec la forme invariable : *il a chanté, elle a chanté, nous avons chanté cette romance.*

4° Mais si ce verbe *avoir* a déjà un nom (substantif, adjectif ou pronom) pour complément, on retombe dans le premier cas : ce n'est qu'un attribut qu'il faut à ce nom ; on reprendra donc le participe, et l'on dira : *il avait dans la terre une somme enfouie* (1), *il nous a toujours aimés, quelles fleurs avez-vous cueillies? vous les avez apportées, l'amitié que j'ai conservée pour vous,* etc.

5° Nous avons vu que, dans les passés composés de la voix interne et de tous les verbes pronominés, il faut toujours sous-entendre le participe *ayant* après le verbe *être;* la règle sera alors la même que dans le cas précédent ; on prendra le participe pour le faire accorder avec le complément du mot *ayant* sous-entendu, et, comme ce complément dans les verbes pronominés est toujours le même que le sujet du verbe, on énonce la règle en disant qu'on fait accorder le participe avec le sujet du verbe : ainsi ce *caillou s'est dissous, cette pierre s'est dissoute; ils se sont trompés; elles se sont trompées,* comme s'il y avait *elles sont s'ayant trompées.*

6° Dans ces deux cas il faut que le verbe, dont on prend le participe, soit interne de sa nature, comme *se repentir, s'amouracher,* ou transitif direct, pour qu'il ait un participe inverse, et que le nom puisse être le complément direct de son infinitif, sans quoi le renversement (2) ne pourrait avoir lieu, et alors on garderait l'in-

(1) La Fontaine, fabl., liv. IV, 20. — Les deux phrases *il avait enfoui une somme,* et *il avait une somme enfouie* présentent ici rigoureusement le même sens : dans le premier cas, *enfoui* est complément d'*avoir,* donc substantif, donc infinitif, donc invariable ; dans le second, il est attribut de *somme,* donc adjectif, donc participe, donc variable. Mais comment ce mot peut-il présenter le même sens si, dans le premier exemple, il est déterminé par *somme,* et le détermine dans le second? c'est qu'il est, dans les deux exemples, à deux voix inverses l'une de l'autre et qu'en renversant à la fois son sens et son rôle dans la phrase, il reste exprimer précisément la même chose.

(2) C'est ce renversement du sens du verbe au participe passé (dans les verbes transitifs directs) qui fait la base et le principe de toute notre théorie ; en effet, telle est la propriété de la voix inverse qu'en faisant de son complément le sujet, et de son sujet le complément de la voix primitive, on retrouve le même sens. Ainsi « je *mange cette soupe* équivaut à *cette soupe est mangée par moi;* » et de même, « j'ai *mangé cette soupe* », à « j'ai *cette soupe mangée* » ; et encore, « cette soupe j'ai *mangé laquelle* », à « cette soupe *laquelle* j'ai *mangée* » ; et enfin « j'ai *mangé elle* », à « j'ai *elle mangée* », ou « je *l'ai mangée.* » Rien de plus logique, si je ne me trompe, que ces substitutions ; aussi ne sont-elles pas particulières à la langue française. Elles fourmillent dans l'italien, et le latin en avait donné l'exemple, car souvent il remplaçait le parfait et le plus-que-parfait de l'indicatif par le verbe *habere, avoir,* ou tout autre verbe de possession accompagné du participe passif, qu'il faisait, selon la tournure française, accorder avec le complément du verbe. Ex. *Siculi ad meam fidem quam habent spectatam jàm et diù cognitam confugiunt* (*Apparatus in Ciceron.* au mot *habere*). *Ad numerum quatuor millium quem ex omni provinciâ et Æduis atque eorum sociis coactum habebat* (César, *de bello gallico,* I, 17). *Ità quidem ut quos non posset ob qualitatem vitæ reipublicæ præponere locupletatos teneret* (Jul. Capitolin., *Vie de Marc-Aurèle,* 3). — Enfin les Grecs modernes eux-mêmes, que nous avons dit (p. 36) se servir avec le verbe *éki* de l'aoriste de l'infinitif; emploient aussi le participe inverse qu'ils accordent comme nous, et comme les Latins, avec le complément de l'auxiliaire, ainsi qu'on peut le voir dans ces deux vers tirés des chants populaires de Fauriel (II, 298) :

Téssera philla 'khi hi cardhiá, tá dhió tá 'khis parména :
Ké t'álla dhió mé t'áphisis kamména, maramména.

« Des quatre feuilles qu'a le cœur, tu m'en as deux ravies (p. *rapi deux*), et tu m'as laissé les deux autres brûlées et flétries. »

finitif invariable dans tous les cas; vous direz donc: *ces livres nous ont beaucoup servi* (servi à nous); *ces femmes se sont nui l'une à l'autre* (nui à soi); *elles se sont plu à se déchirer* (plu à soi), etc.

7° Il en sera de même si les verbes transitifs directs sont précédés seulement de leur complément indirect: *je vous ai recommandé ma fille* (recommandé à vous); *ils se sont pardonné leurs épigrammes* (pardonné à soi), etc.

Rem. Les mots *en, y, dont, où, lui, leur,* indiquant toujours un complément indirect, ne peuvent avoir aucune influence sur l'orthographe du participe, non plus que les formes *me, te, se, nous, vous,* au cas attributif.

8° Quelques verbes n'ont pas de participe inverse, tels sont la plupart des impersonnels et des verbes pris accidentellement comme tels; quant à eux, il n'y a pas de difficulté, il faut bien employer leur infinitif puisqu'ils n'ont que cela, et par conséquent écrire invariablement: *quelle chaleur il a fait tout le jour! quelle somme n'a pas coûté cet édifice! que de soins il a fallu pour l'achever!* etc., car on ne peut pas dire qu'une somme est *coûtée*, ni que des soins sont *fallus*, etc.

Ces règles et celles que nous avons vues sur le participe présent sont, à proprement parler, les seules qu'il faille connaître; les autres ne sont que de pures chicaneries.

On demande, par exemple, s'il faut dire *le peu d'eau que j'ai bu* ou *bue*, *cette troupe de jeunes gens que j'ai vue* ou *vus*, etc., etc.; cela dépend évidemment du mot auquel on fait rapporter *que*; si c'est à *peu*, mettez *bu*; si c'est à *eau*, mettez *bue*, etc. Mais auquel faut-il le faire rapporter? je n'en sais rien; cela dépend entièrement de la pensée de celui qui parle. Ce qu'il y a de sûr, c'est que ce n'est pas là une question de participe, mais seulement une question de rapport.

Il en est de même dans cette phrase, en parlant d'une femme: *je l'ai vue peindre,* si c'était elle qui peignait, car alors c'était elle que vous avez *vue*; et *je l'ai vu peindre,* si vous avez vu quelqu'un qui la peignait; et encore en parlant des troupes: *je les ai vues vaincre,* si elles ont été victorieuses; et *je les ai vu vaincre,* si elles ont été vaincues; car alors cette phrase représente exactement ce sens: *j'ai vu ceci,* savoir: les ennemis *les vaincre* (1).

CHAPITRE II.

ACCORD DU PRONOM.

Le pronom n'a par lui-même ni genre ni nombre; comme l'adjectif il reçoit ces modifications du nom qu'il rappelle: aussi *je* est-il du masculin si c'est un homme qui parle, *je suis content,* et du féminin si c'est une femme, *je suis contente.* De même, *tu es heureux, toi homme,* et *tu es heureuse, toi femme.*

A la troisième personne, le pronom, variant dans ses genres, prend immédiatement la forme que demande le nom auquel il se rapporte; nous dirons: *il est ici, je le chéris, cette montre est à lui*

(1) Consultez au reste, sur tous ces points, les Grammaires de Boniface et Giraut-Duvivier, et surtout le Traité des participes de M. Boscher.

en parlant d'un homme ; et en parlant d'une femme , *elle est ici, je la chéris, ce châle est pour elle.*

La même chose aura évidemment lieu au pluriel si les pronoms *nous , vous , ils , elles* ont à représenter des noms pluriels : *nous sommes contents nous hommes, nous sommes contentes nous femmes; ils sont heureux, elles sont heureuses,* etc.

Il faut observer sur nos pronoms du pluriel que celui de la première personne peut comprendre plus d'êtres que celui de la seconde, et celui-ci plus que celui de la troisième : car si je dis *ils dansent,* j'exclus ceux à qui je parle et nous qui parlons, ou au nom de qui je parle; si je dis *vous dansez,* je n'exclus que nous qui parlons; si je dis *nous dansons,* je n'exclus personne. De là est née cette règle : quand les sujets sont de personnes différentes, on les comprend tous sous le pronom pluriel de la personne la plus avancée, la première personne étant plus avancée que la seconde, et celle-ci plus que la troisième. Ainsi je dirai *vous et moi nous lisons ; eux et moi nous chantons ; vous et lui vous riez ; vous, eux et moi nous nous portons bien.*

Si les noms sont plusieurs au singulier ou au pluriel, le pronom se met toujours au pluriel comme l'adjectif : ainsi en parlant d'un chien et d'un chat, *ils se sont battus;* d'un père et d'un fils ; *ils cherchent à se contenter l'un l'autre ;* d'une brebis et d'une chèvre, *elles n'ont pas les mêmes goûts.*

Si les genres de ces noms sont différents, donnez toujours au pronom le genre masculin, car il emporte l'autre : *on vante beaucoup le prince et la princesse, on ne parle que d'eux ; si vous voulez les voir et leur parler, ils vont bientôt passer. Emile et Julie, songez que vous serez heureux tant que vous serez vertueux.*

Pour le pronom réfléchi il est toujours du même genre et du même nombre que le nom auquel il se rapporte ; mais, étant invariable de sa nature, il ne peut comme *nous* et *vous, moi* et *toi* manifester son genre que par l'adjectif qui le détermine, et non par sa forme.

Il se présente une difficulté dans l'emploi du complétif des pronoms *direct* et *réfléchi* de la troisième personne. Dans quel cas faut-il employer *lui,* dans quel cas faut-il employer *soi?* La règle plus générale est que l'on emploie *lui* avec des noms dont le sens est déterminé : *cet homme travaille pour lui; Caton s'est tué lui-même.* Cette règle n'est pourtant pas sans exception.

Lorsqu'il y a indétermination, généralité dans le sujet, c'est toujours *soi : on travaille plutôt pour soi que pour les autres; chacun pense à soi; quoi de plus naturel que de s'aimer soi-même?*

S'il peut y avoir amphibologie, il faut toujours appliquer *soi* au sujet, et *lui* à l'être qui en diffère : *il se mouche sous son chapeau, il crache presque sur soi. Lui* ferait entendre qu'il crache sur son chapeau. *Dieu était dans Jésus-Christ réconciliant le monde avec soi. Lui* se rapporterait à Jésus-Christ et non à Dieu.

Soi peut se rapporter à un substantif pluriel : *que tant de profanations, que les armes traînent après soi* (1), comme on aurait pu dire *après elles.*

____

(1) Ces trois phrases de Labruyère, Bourdaloue et Massillon sont citées par M. Boniface dans sa Grammaire, n° 564.

Rem. Le pronom de la seconde personne éprouve une modification dont aucun autre mot ne nous donne d'exemple en français : en parlant à une seule personne avec qui l'on n'a pas une grande familiarité, on lui parle comme si elle était *plusieurs*, c. à d. qu'on se sert de *vous* et non de *toi* :

Mon père,
Cessez de *vous* troubler ; *vous* n'êtes point trahi ;
Quand *vous* commanderez, *vous* serez obéi.

Ces exemples montrent que le verbe prend le même nombre que le pronom, mais que l'adjectif reste au singulier dans ce cas (1). Le roi de France et les hommes constitués en dignité disent aussi *nous avons ordonné*, etc. Ces tournures donnent généralement au style beaucoup de pompe et de dignité.

CHAPITRE III.

ACCORD DU VERBE.

1° Le verbe s'accorde en nombre et en personne avec son sujet. Ex. *Je chante, tu dessines, elle danse, le bœuf laboure, les pluies cesseront, mais le froid continuera.*

On voit en outre, par cet exemple, que tout nom dont la personne n'est pas désignée par un pronom est de la troisième.

2° Le verbe qui se rapporte à plusieurs sujets singuliers (2) se met au pluriel ; il s'y met à plus forte raison si l'un des sujets est pluriel ou si tous le sont. Ex. *Annibal et Scipion combattirent à Zama ; le mari et la femme dirigent fort bien leur fabrique ; la danse et les jeux vous occupent beaucoup trop ; les sciences, les arts et les lettres sont pour l'homme des éléments de bonheur.*

3° Cette règle a encore lieu quand les sujets sont joints par la conjonction *ni*, parce qu'elle les réunit pour les exclure.

Ni l'or ni la grandeur ne nous rendent heureux (3).

Rem. Ces deux règles cessent d'avoir lieu d'abord quand les sujets sont séparés par la conjonction disjonctive *ou*, et qu'ils sont d'ailleurs au singulier : *l'un ou l'autre y périra ; Paul, Adolphe ou Justine vous portera cette somme ;* ensuite quand avec la conjonction *ni* le sens repousse absolument un pluriel. Ex. *Ni l'un ni l'autre n'est mon père.* Enfin la phrase *l'un et l'autre* admet après elle le singulier ou le pluriel. Ex. *L'un et l'autre se dit* ou *l'un et l'autre se disent.*

4° Le verbe qui se rapporte à des sujets de différentes personnes se met toujours au pluriel et à la plus avancée. Ex. *Vous et moi partirons demain ; mes élèves et moi reconnaissons l'importance*

---

(1) L'emploi du pluriel pour le singulier à la seconde personne est un reste de la politesse affectée du bas-empire ; cette forme a du reste été admise chez toutes les nations européennes.

(2) Il faut prendre garde qu'un sujet peut fort bien contenir en lui plusieurs substantifs sans qu'il y ait pour cela plusieurs sujets. Ainsi, dans cette phrase, *le renard, comme le loup et la panthère, aime à se gorger de sang,* le sujet est *renard* seulement ; car cette phrase équivaut à celle-ci : *le renard aime à se gorger de sang comme le loup et la panthère aiment à se gorger de sang.* Il en serait de même si l'on disait *le renard de même ou ainsi que le loup aime à se gorger,* etc. ; *de même que, ainsi que,* indiquant une nouvelle phrase, ne sont pas sujets et ne peuvent par conséquent influer sur le verbe. La même raison s'appliquerait à la phrase *le renard avec le loup s'élançait,* etc., où le *loup* est complément de la préposition.

(3) La Fontaine, *Philémon et Baucis.*

d'un bon plan d'études ; ni vous ni lui n'êtes mon tuteur ; vous ou lui serez sacrifiés à l'intrigue.

Au reste, il vaut mieux répéter le pronom : *vous et lui, vous êtes deux étourdis ; lui et moi, nous nous comprenons ; vous ou lui, vous me rembourserez ; le roi, l'âne ou moi, nous mourrons* (La Font.). On retombe par là dans une règle déjà exposée au chapitre précédent sur l'accord du pronom.

5° Le *qui* conjonctif, représentant tous les noms auxquels il se rapporte, fait éprouver au verbe précisément les mêmes modifications qu'il recevrait de ces noms. Nous dirons donc : *moi qui veux, toi qui cesses, lui qui parle, nous qui chantons, vous et vos amis qui chantez, mon fils et ma fille qui s'en vont,* etc.

6° *Qui*, pris interrogativement et par conséquent au commencement de la phrase, est toujours au singulier, et veut son verbe à ce nombre, quoiqu'il puisse indiquer plusieurs personnes. Ex. *Qui a renversé l'empire romain, les Huns ou les Goths ? Qui de vous souscrira pour cette œuvre de bienfaisance ?*

Il n'y a d'exception que pour le verbe *être* suivi d'un substantif pluriel auquel se rapporte le *qui* interrogatif. Ex. *Qui sont ces gens en robe ?* (Racine.) *Qui seront nos convives ?* mais il est visible qu'ici la phrase est retournée et qu'elle équivaut à celle-ci : *nos convives seront qui ?*

SECTION SECONDE. — Syntaxe du régime.

CHAPITRE I.

COMPLÉMENT PRIS DANS LES NOMS.

Les noms qui ne s'accordent pas ne peuvent se déterminer l'un l'autre que par des prépositions (1) ; ces prépositions ont chacune leur sens particulier et diversement applicable ; les plus usitées sont les suivantes :

A. *Verre à pied, montre à échappement, salle à manger, table à jouer, utile à l'homme, nécessaire à l'existence.*

De. *Pendule de Lebon, la maison de mon frère, attendu son absence de Paris, vase de porcelaine, les œuvres de Virgile, la hauteur d'une tour, digne de louanges, avide de biens.*

En. *Maison en briques, vase en marbre, beurre en pot, vin en bouteille, fertile en blé, savant en histoire.*

Rem. En rejette toujours l'article après lui, c. à d. qu'il fait prendre le nom dans une signification vague et abstraite ; c'est le contraire de *dans.*

Pour. *Tailleur pour homme, cordonnier pour femme, pour l'amour de Dieu.*

Sous. *Ferté-sous-Jouare, sous le gouvernement de Périclès.*

Sur. *Bar-sur-Aube, sur l'amitié, discours sur les devoirs de l'homme, placer un chandelier sur une cheminée, un cahier de musique sur son pupitre.*

Rem. La préposition *de*, exprimant le rapport de possession, d'apparte-

(1) Il faut excepter les noms composés où la préposition est sous-entendue : *Hôtel-Dieu*, p. *Hôtel de Dieu ; blanc-seing*, p. *seing en blanc.* (Voy. p. 18.)

nance, peut se placer après tous les noms possibles; c'est même celle que l'on trouve le plus fréquemment après eux. Quant aux adjectifs, le rapport est plus varié; les deux prépositions *à* et *de* se rencontrent le plus souvent devant leur régime, savoir, *à* quand le sens de l'adjectif indique un but général, une tendance vague : *utile à l'homme, facile à dire, porté à la douceur ;* les mots *homme, dire, douceur* sont en quelque sorte le but où tend le sens d'*utile*, de *facile*, de *porté*; quand au contraire l'adjectif indique sortie ou extraction, il faut employer *de : avide de richesses, content de son sort, digne de louanges;* les *richesses*, le *sort*, les *louanges* étant le point d'où les mots *avide*, *content*, *digne* semblent vouloir tirer l'objet de leur signification.

Après cette tournure *il est*, suivi d'un adjectif, c'est toujours la préposition *de* que l'on emploie : *il est bon de rire, il est utile de travailler ;* la raison en est que le mot *il* étant tout-à-fait général et indéterminé, et servant d'ailleurs de sujet à la proposition, la phrase peut s'analyser ainsi : *il (de rire) est bon; il (de travailler) est utile.* C'est peut-être le seul exemple où le pronom soit déterminé par une préposition, et encore ne l'est-il que parce qu'il fait l'office du nom.

Il en est du verbe comme de l'adjectif; il peut porter son idée sur un nom qui devient alors son complément : ainsi *j'aime mon père; je travaille à mon ouvrage; je sors de la maison.* Dans le premier exemple, le complément suit immédiatement le verbe; on dit alors qu'il est son complément direct : dans les autres, le nom est réellement complément de la préposition; on dit aussi qu'il est complément indirect du verbe, et ce verbe s'appelle transitif indirect.

Les verbes transitifs peuvent avoir un complément direct et un indirect, et quelquefois deux compléments indirects. Ex. *Je donne mes chants aux malheureux; j'attends de vous une faveur; je me plaindrai de votre paresse à votre père.*

Il résulte de ces exemples 1° qu'on ne regarde comme régimes indirects des verbes que ceux qui sont marqués par les prépositions *à* et *de ;* ce qui est évidemment une suite de l'habitude des latins chez qui le sens de ces prépositions était compris dans les *datifs, génitifs* et *ablatifs* qui marquaient les compléments indirects; 2° que ces prépositions sont employées après chaque verbe, selon le sens particulier de ce verbe, savoir, *à* si le verbe indique tendance, amour, désir : *se plaire au travail, s'exercer à la natation;* et *de* s'il y a sortie, égression : *s'occuper de musique, se plaindre d'un mal;* mais cette distinction même n'est pas toujours facile à faire.

Lorsqu'un verbe a pour complément un infinitif, il le régit à l'aide de la même préposition qu'il prend devant un substantif : *il s'exerce à lire, il s'occupe de lire, il se plaint d'être trop riche*, etc. Mais plusieurs transitifs directs prennent devant l'infinitif une préposition qu'ils n'emploient jamais devant un nom : ainsi *il aime à chanter, il cherche à réussir*, quoiqu'on dise *aimer* et *chercher quelque chose;* il est assez difficile de rendre raison de cette anomalie. (1).

CHAPITRE II.

COMPLÉMENTS PRIS DANS LA DÉCLINAISON FRANÇAISE.

Nous savons déjà par la définition que le sujet d'une proposi-

(1) Il ne faut pas comprendre dans cette règle les tournures abrégées *il chante à ravir*, etc., qui sont employées pour *il chante de manière à ravir*.

tion, s'il appartient aux mots compris sous le paragraphe intitulé :
Déclinaison française (1), se met au cas *subjectif : ce sera demain,
l'homme qui parle, je chante, il s'amuse,* etc.

Les compléments se marquent par les autres cas; ainsi :

(a) Les compléments directs des verbes transitifs se mettent
au cas *objectif* de ces mêmes mots, et ce cas se place toujours
devant le verbe : *je le veux, mon père m'appelle, ma fille se dé-
sole, l'ennemi nous menace.* L'objectif *que* se place, comme nous
l'avons vu, au commencement de la phrase : *est-ce là l'homme
que vous m'aviez recommandé ?*

Exception. A l'impératif, les verbes prennent non plus avant
mais après eux le cas *complétif* des pronoms de la première et de la
seconde personne, au lieu du cas objectif : *écoute-moi, soutiens-toi,
gardons-nous, écartez-vous.* Ils mettent aussi après eux le cas *objectif* du pronom de la troisième personne et du nom *ce : prenez-le,
fléchissez-le, implorez-la, défendez-les.*

L'article conjonctif ne peut jamais en français se trouver avec
un impératif.

(b) Le complément indirect des verbes qui prennent la préposition *à* devant leur régime se met au cas *attributif : j'y penserai,
où vas-tu ? cet arbre te nuit, cette maison nous convient, on vous
le défend* (2).

Exception. A l'impératif, l'exception est la même que dans la
règle précédente, si ce n'est que, pour la troisième personne et le
nom *ce,* on met le cas attributif : *plaisez-lui si vous pouvez, défen-
dez-leur de perdre leur temps, pensez-y.*

(c) Les verbes qui prennent *de* devant leur complément veulent
le cas ablatif du nom *ce* et du conjonctif *qui : il en doute, celui
dont vous parliez.* A l'impératif, *en* passe après le verbe : *souve-
nez-vous-en, finissez-en, parle-s-en* (3).

Le conjonctif *dont* ne peut jamais en français exister avec un impératif; quant aux pronoms, ils n'ont pas d'ablatif, et ne peuvent
s'employer qu'au cas complétif avec la préposition *de.*

(d) Après toutes les prépositions, on emploie le complétif; *pour
ce, de qui, à quoi, par où, depuis quand, avec moi, sur toi, vers
nous, après vous, chez eux, sans elles,* etc.

La même chose a lieu quand la préposition est sous-entendue :
moi, je suis prêt, c. à d. *pour moi, je suis prêt; quoi ! vous osez
revenir ici,* c. à d. *à quoi pensez-vous,* etc.

Voilà pourquoi, quand le complément doit être déterminé par
d'autres mots, il faut répéter ce pronom en plaçant devant le verbe
son objectif ou son attributif, et après lui le complétif : *croyez-vous
me fléchir, moi que vous avez offensé si long-temps ? vous l'avez
trahi, lui qui vous avait comblé de bienfaits.* Il y a devant ce com-

- (1) Voy. la Ptoséologie, chap. III, B, déclin. française.

(2) Ce cas ne s'emploie pas avec les adjectifs, à moins qu'ils ne soient accompagnés d'un
verbe : *cela m'est utile, j'y suis sensible,* etc. Ces phrases : *les pièces y annexées, les pièces y
relatives* ne peuvent donc être que tolérées et non imitées.

(3) Cette lettre *s* dans *pense-s-y, parle-s-en* est euphonique, comme le *t* dans *aime-t-il,
aime-t-on, va-t-il,* etc, : sur quoi il faut renvoyer à la Ptoséologie.

plétif une préposition ou quelque adverbe sous-entendu, comme *pour, quant à, pour ce qui est de,* etc.

(e) Quand les verbes prennent leurs deux compléments dans la déclinaison française, les deux régimes ne peuvent pas appartenir aux pronoms des deux premières personnes; on ne dit pas: *je me vous recommande,* ni *nous nous te rappelons,* etc. Ils n'appartiennent pas non plus aux deux cas indirects du nom *ce* (attributif ou ablatif); on ne dit pas: *j'y en porte,* ni *je m'y en vais.* Quant aux pronoms, ils n'ont pas le cas ablatif, et par conséquent ne peuvent jamais avoir deux cas indirects de suite.

Pour les réunions possibles, les règles sont donc: 1° deux cas, régimes d'un même verbe, se placent dans l'ordre des personnes, en considérant *ce* comme de la troisième. Ex. *tu m'y conduis, je t'en parle, il nous les demande.* 2° Entre deux régimes de même personne, le régime direct se met devant: *tu le lui remettras, il s'y perd, nous l'en avertirons, vous les leur donnerez, il la lui rendra.* 3° Le pronom réfléchi *se* se comporte comme s'il était de la première ou de la seconde personne, se plaçant toujours devant l'autre complément direct ou indirect: *il s'y prend bien, il s'en moque, il se le pardonnera volontiers,* etc. 4° Entre deux régimes indirects, l'attributif passe avant l'ablatif: *je leur en donnerai, il faut lui en remettre,* et à plus forte raison, *je t'en donne, il nous en rendra.* 5° Après un impératif on met toujours le régime direct, puis l'attributif, puis l'ablatif: *menez-m'y, tirez-vous-en si vous le pouvez, promenons-nous-y, emmène-m'en le plus tôt possible, conduisez-l'y, tirez-l'en,* etc. 6° Si le complément indirect est de la première personne, il s'exprime par le cas complétif et se met par conséquent le dernier: *rendez-le-nous, apportez-la-moi.* 7° Aux temps composés des verbes, ces mots se mettent dans le même ordre; seulement ils se placent devant l'auxiliaire quand le temps se compose avec *être, avoir* ou *faire,* et devant l'infinitif du verbe quand il se joint avec *aller, devoir* et *venir de: je me suis endormi, nous vous avons rencontré, nous lui avons commandé un habit, il s'en fait faire un, il se l'est fait lui-même,* etc.; et au contraire, *je vais me promener, tu vas te blesser, il vient de nous écrire une lettre pleine d'injures, il doit s'en repentir, vous ne devez pas vous y attacher,* etc. (1).

Telles sont les règles assez compliquées auxquelles est soumis l'emploi des formes de nos mots déclinables avec cas. On a remarqué que l'article conjonctif ne donnait pas lieu à beaucoup d'observations; la place qu'il occupe nécessairement dans la phrase en est en grande partie la cause; il faut pourtant faire attention à une particularité de cet adjectif.

Quand on interroge, *qui* ne s'emploie jamais qu'en parlant d'une personne: *qui vous a frappé?* en parlant d'une chose, on emploie toujours la forme *qu'est-ce qui: qu'est-ce qui vous a mordu? qu'est-ce qui est tombé?* On rétablira facilement la construction analytique de ces phrases en faisant dispa-

(1) On doit regarder comme des inversions tout-à-fait exceptionnelles les tournures peu usitées: *je vous le vais apporter, il nous le doit rendre, il vous la vient d'ôter,* etc., comme *je vous la veux faire connaître;* formules qui sont fort claires et correctes en français, mais qui ne sont pas usitées, du moins dans la prose, où notre manière de parler appelle toujours l'autre forme; *je vais vous l'apporter,* etc.

raître l'interrogation par ce développement : *dites-moi l'homme qui vous a frappé, dites-moi (ce qu'est) l'être qui vous a mordu,* etc.

Lorsque le *qui* interrogatif est complément, c'est toujours *qui* pour une personne, et *que* pour une chose : *qui demandez-vous ?* quelle personne; *que demandez-vous ?* quelle chose ; il y a renversement dans la première phrase : *qui demandez-vous ?* pour *vous demandez qui* au complétif; il y a ellipse dans la seconde : *dites-moi la chose que vous demandez.*

CHAPITRE III.

COMPLÉMENT PRIS DANS LES MODES PERSONNELS.

Deux modes personnels ne peuvent se joindre que par des conjonctions; c'est donc sur les conjonctions que va rouler notre étude, bien entendu que l'article conjonctif y est compris.

Parmi les conjonctions, celles que nous avons appelées *isoscèles,* ne demandant jamais après elles que le même temps ou le même mode exprimé précédemment, ou celui du moins qui est sans contestation appelé par le sens, ne peuvent présenter aucune difficulté : *vous chanterez ou vous danserez; vous êtes de cet avis, donc vous ne vous accordez pas,* etc.

Les conjonctions subjonctives présentent un peu moins de certitude, examinons-les en détail :

A. *Comme. Comme* veut très-souvent après lui le même temps que devant : *il agit comme il l'entend, vous ferez comme vous voudrez, comme on fait son lit on se couche.* — Souvent *comme* signifie dans le temps que; il prend alors les temps déterminés par le sens absolu que l'on veut exprimer : *comme l'un partait, l'autre arrivait,* ou *arriva,* etc. — *Comme* prend quelquefois le futur ou le conditionnel par la suppression de quelque phrase : *comme je rirai, comme je m'amuserais.*

B. *Comment* se prend interrogativement par la suppression de la phrase antécédente : *comment fait-il, fera-t-il, faisait-il, fit-il ? comment feriez-vous ?* On peut aussi exprimer cette phrase : *dites-moi comment vous avez fait; il m'a dit comment vous aviez fait.*

C. *Que.* Cette conjonction présente plus de difficulté, parce qu'elle a un sens bien plus indéterminé que toutes les autres, et qu'à cause de cette indétermination même on peut mettre après elle tous les temps personnels d'un verbe, excepté toutefois l'impératif.

Voici les principales règles à cet égard :

(a) *Du mode voulu par la conjonction* QUE.

1.° Après un verbe d'affirmation, *que* veut l'indicatif ou le conditionnel : *je dis qu'il vient, qu'il viendra, qu'il venait, qu'il est venu* (1) *; je parie qu'il viendrait si.....; je vous assure qu'il était venu, qu'il serait venu si...,* etc.

2.° Après un verbe qui exprime pensée, opinion, croyance, supposition, *que* gouverne encore l'indicatif ou le conditionnel : *je*

____

(1) Il ne faudrait pas opposer à cette règle la phrase : *je dis qu'il vienne,* où *je dis* est pour *je veux, je commande qu'il vienne* : il ne marque donc plus affirmation, mais désir ou volonté.

pense qu'il vient, qu'il viendra; je croyais que vous étiez chez vous; j'aurais pensé que vous seriez resté à la campagne; je soupçonne qu'il a fait quelque sottise, etc.

3° Après les verbes de désir, de volonté, de commandement, *que* veut le subjonctif. Ex. *Je veux, je désire, je souhaite qu'il vienne; je veux, j'ordonne qu'il le fasse.*

4° Après les verbes de doute ou de négation, comme après les verbes précédents accompagnés d'une négation, *que* veut encore le subjonctif. Ex. *Je doute qu'il vienne, je nie qu'il vienne; je ne dis pas, je ne crois pas qu'il le fasse, je ne pense pas qu'il le rende.*

Rem. Après les verbes d'affirmation accompagnés d'une négation, le sens exige quelquefois l'indicatif : *je n'assure pas qu'il vient, je ne dis pas qu'il le fait actuellement.* Cette tournure n'est du reste ni élégante ni usitée, et néanmoins elle nous montre, par cet emploi forcé de l'indicatif, que ce n'est pas le caprice, mais une logique très-fine qui préside au choix de nos modes.

5° Après les verbes exprimant une opinion, une croyance, une supposition, *que* veut encore le subjonctif quand la phrase est interrogative : *pensez-vous, croyez-vous qu'il vienne ? supposez-vous qu'il soit parti sans vous prévenir ?*

6° *Que*, joint à d'autres mots pour former des locutions conjonctives, veut l'indicatif ou le conditionnel, s'il exprime une raison, une quantité, un temps : *attendu* ou *vu que vous ne partez que demain; puisque vous ne partez pas,* etc. ; *plus* ou *moins que vous ne dites, il est si malade qu'il ne peut remuer, d'autant que je vous en avais déjà parlé,* etc ; *tandis que, pendant que je parlais, aussitôt que j'eus parlé, dès qu'il nous reconnut, lorsqu'il sortait, hier qu'il fit si beau,* etc.

Rem. Il faut excepter *avant que* qui veut le subjonctif : *avant que vous ne descendiez, avant qu'il ne descende, avant qu'il ne soit arrivé.* — La négation *ne* paraît être la cause de l'emploi du subjonctif (1).

7° Si ces *locutions conjonctives* expriment *négation, désir, but, objet, condition,* elles veulent le subjonctif : *il ne chante pas sans qu'on le prie beaucoup; pourvu que vous veniez, pour* ou *afin qu'il sorte.*

(b) *Correspondance des temps.*

Outre les différences essentielles des temps et des modes, différences que nous avons précédemment expliquées, nos formes verbales, en les opposant les unes aux autres, peuvent encore exprimer si notre idée se présente à nous comme positive ou incertaine.

Il faut pour cela écrire les temps dans l'ordre suivant :

---

(1) Cette négation n'est pas déplacée puisqu'elle nie la chose dans un moment où en effet elle n'existe pas : *sortons avant qu'il ne pleuve,* c. à d. qu'il ne pleut pas encore au moment où nous sortons : *nous rentrerons avant qu'il ne fasse nuit,* c. à d. qu'il ne fera pas encore nuit quand nous rentrerons. Cette explication montre combien est peu fondée la règle de quelques grammairiens qui veulent qu'on rejette le *ne* quand la chose dont on parle arrivera nécessairement : *rentrons avant qu'il fasse nuit.* Cette locution au moins négligée ne peut s'expliquer que par la suppression accidentelle du *ne.*

TEMPS.

POSITIFS.	INCERTAINS.
Présent de l'indicatif, je fais.	*Imparfait de l'indicatif,* je faisais.
Futur de l'indicatif, je ferai.	*Conditionnel,* je ferais (1).
Subjonctif, je fasse.	*Optatif ou subj. imparf,* (2), je fisse.

Voici, relativement à l'emploi de ces temps, les règles les plus générales.

1° L'on assemble ordinairement dans la même phrase des temps de même ordre, c. à d. tous positifs ou tous incertains. Ex. *Je chanterai si vous voulez que je chante; je chanterais si vous vouliez que je chantasse.*

(1) Cette disposition explique pourquoi dans les exemples précédents le conditionnel s'est trouvé employé dans les mêmes circonstances que l'indicatif, quoique par lui-même il appartienne au mode oblique; c'est que, dans cette correspondance des temps incertains aux temps positifs, il est pour le futur de l'indicatif ce que l'imparfait du même mode est pour le présent, ce que l'optatif est pour le subjonctif: c'est une sorte de futur indécis et douteux. Nous voyons au reste une analogie exactement semblable dans les temps composés anglais.

(2) J'emploie ici presque malgré moi le nom d'*imparfait du subjonctif*: en effet, le mot d'*imparfait* a en grammaire un sens bien déterminé, celui de la simultanéité avec une chose passée au moment où l'on parle; or il n'y a rien de cela dans l'optatif, et ici, comme en mille autres occasions, on a ridiculement et absurdement copié les noms de la grammaire latine; ce qu'il y a de vrai, c'est que, dans les phrases comme celles que nous avons citées, on dit : *Je veux, je voudrai que vous lisiez,* et au contraire, *je voulais, j'avais voulu que vous lussiez;* et parce que les temps de la phrase principale sont au passé dans le second exemple, et au présent ou au futur dans le premier, on a pensé que la même différence devait exister dans la phrase secondaire, et l'on a nommé *lisiez* un présent et *lussiez* un imparfait du subjonctif. Si cette raison en était une, on devrait dire : *Je voudrais que vous lisiez,* car *je voudrais* emporte incontestablement l'idée d'un futur, et certes ce n'est pas ainsi qu'on parle. Mais le motif de cette différence consiste dans le sens même des formes verbales et non dans le temps : *je voulais, j'avais voulu* présentent l'idée de volonté comme ayant existé. Mais existe-t-elle encore? c'est ce qui n'est pas dit : à cause de ce vague, de cette incertitude, vous mettrez l'optatif. Au contraire *je veux, je voudrai* certifient la volonté pour le présent et pour l'avenir, et, à cause de cette certitude, vous mettrez le subjonctif. De là même une différence de sens dans une expression qui peut se retrouver souvent : *j'ai voulu que vous vinssiez* est une forme polie qui répond à j'ai eu le désir; *j'ai voulu que vous fassiez cela* est bien plus impératif, le subjonctif ne laissant aucun doute sur l'affirmation précédente. Et c'est dans ce sens, je crois, qu'il faut entendre cette phrase de M. Destutt de Tracy, où les Rudimentaires trouveront sans doute un solécisme, c. à d. une faute de syntaxe : *« Au commencement de la grammaire, il a fallu que je reporte l'attention du lecteur sur l'analyse du jugement* (Supplém. à la première section des élém. d'idéologie). » *Que je reporte* est bien plus affirmatif que *je reportasse.*

C'est par la raison contraire que Racine (*Androm.,* act. I, sc. IV) a fait ces vers délicieux que lui reprochent des gens qui prétendent savoir le français :

> Hélas ! on ne craint point qu'il venge un jour son père ;
> On craint qu'il n'*essuyât* les larmes de sa mère.

Qu'il n'essuyât est bien plus indéterminé que *qu'il n'essuie*; c'est donc comme si Racine disait : *On ne craint pas seulement de lui qu'il venge,* etc.; *on craint tout, on irait peut-être même jusqu'à craindre qu'il n'essuyât les larmes de sa mère.*

Molière a dit aussi, et par un sentiment pareil (*Misanthr.,* act. II, sc. V),

> N'a-t-il point quelque ami qui *pût* sur ses manières
> D'un charitable avis lui prêter les lumières?

Pût et non *puisse*; car Clitandre regarde cette possibilité comme extrêmement éloignée ; donner cet avis est une chose dont, pour lui, il ne voudrait pas se charger, et il lui paraît bien difficile qu'un autre s'en charge. Telle est la différence du subjonctif et de l'optatif en français.

Rem. Le sens peut cependant s'opposer quelquefois à l'emploi des formes du même ordre. Ex. *Je vous disais que Dieu est éternel, que la terre tourne sur elle-même*, et non *était, tournait;* car il est question ici d'un état permanent et d'un non fait incertain ou transitoire.

2° Les temps composés suivent ordinairement la même règle que les simples sous lesquels ils se trouvent rangés dans notre tableau de la conjugaison composée. Ex. *Quand vous aurez commandé qu'on le fasse, auriez-vous commandé qu'on le fît? est-il vrai qu'on ait emmené votre frère? était-il vrai qu'on l'eût forcé de partir?*

Rem. Néanmoins les composés passés *j'ai voulu, j'ai dit, je viens de dire,* peuvent aussi prendre après eux l'optatif : *J'ai voulu que tout fût prêt; j'ai dit qu'on se mît à table :* cela tient à l'incertitude qui caractérise tout ce qui est passé.

(c) *Formes de l'article conjonctif* QUI.

La conjonction *que* pouvant être considérée comme l'adverbe du *qui* conjonctif, on ne doit pas s'étonner que les cas de cet article régissent à la manière de la conjonction *que* le verbe de la phrase qu'ils commencent. Il sera donc facile d'analyser les phrases suivantes :

1° *Voilà l'homme qui vous a frappé, je ne connais pas l'homme qui vous a frappé; je ne connais personne qui vous ait frappé.*

2° *On demande quelqu'un qui soit propre à cette besogne et que l'on puisse consulter; on demandait quelqu'un qui fût propre à cette besogne et que l'on pût consulter.*

> Dans ces prés fleuris
> Qu'arrose la Seine,
> Cherchez *qui vous mène*,
> Mes chères brebis (1).

3° *Voici la pierre où je puis reposer ma tête; je n'ai pas une pierre où je puisse reposer ma tête.*

4° *Est-ce là l'homme dont vous vous plaignez? y a-t-il un élève dont vous vous plaigniez, ou dont vous ayez à vous plaindre?*

5° *Est-ce là l'homme à qui vous avez rendu service? je n'ai que vous à qui je puisse confier mes plaintes; dites-moi à quoi vous pensez; n'y a-t-il pas une chose à quoi vous pensiez plus qu'à toute autre? le pays d'où vous venez; citez-moi un pays d'où vous soyez revenu sans plaisir; le jour de quand est datée cette lettre; n'y a-t-il pas un jour de quand soit datée cette lettre (2).*

6° Est-il besoin de dire que, dans les phrases où la conjonction *que* remplace une de ces formes, elle se comporte entièrement comme elle? Ex. *Quand j'irai à Paris, et que j'y demeurerai, je serai content*, c. à d. *et quand j'y demeurerai;* de même, *quand j'irais à Paris et que j'y demeurerais, je ne serais pas encore content*, c. à d. *et quand j'y demeurerais.*

---

(1) Madame Deshoulières à ses filles.

(2) Il est bien clair que, dans tous ces exemples, l'indétermination vient de l'article *un, aucun*, etc. On emploierait à plus forte raison le subjonctif avec le mot pris sans article : *plus savant qu'homme qui soit au monde.*

D. *Quoique* veut toujours le subjonctif ou l'optatif, selon le temps exprimé dans la phrase précédente. Ex. *Je vous quitte quoique vous soyez bien aimable ; je vous quitterais quoique vous fissiez vos efforts pour me retenir.*

Rem. 1° *Que* remplaçant *quoique* se comporte absolument comme lui : *quoique vous soyez savant et que vous ayez plus de talent que moi,* c. à d. *et quoique vous ayez.*

2° *Bien que, encore que*, ont tout-à-fait le même sens et se construisent de la même manière que *quoique.*

E. *Si* prend après lui deux temps, le présent et l'imparfait de l'indicatif, qui ont respectivement pour correspondants dans l'autre phrase le futur et le conditionnel. Ex. *Si je vais à Paris, je m'amuserai beaucoup* (présent et futur) ; *si j'allais à Paris, je m'amuserais beaucoup* (imparfait et conditionnel).

Rem. Si peut se répéter : *si je vais à Paris, si j'y reste quelque temps,* etc. ; mais la plupart du temps, après avoir mis *si* devant la première phrase, on place *que* devant toutes les autres, et alors *que* veut le subjonctif ou l'optatif selon que *si* était suivi du présent ou de l'imparfait de l'indicatif. Ex. *Si je vais à Paris et que je m'y plaise, j'y resterai long-temps ; si j'allais à Paris et que je m'y plusse, j'y resterais long-temps.* Exemples où l'on peut remarquer deux choses : 1° que dans la première phrase les trois temps employés sont justement les trois temps positifs ; et que ceux de la seconde sont les trois temps incertains ; ce qui prouve une dernière fois que les temps du même ordre vont généralement ensemble ; 2° que l'emploi de la conjonction *que* à la place de *si* s'explique fort bien en sous-entendant un verbe indéterminé, comme *s'il arrive, s'il advient,* etc., c. à d. *si je vais à Paris, et* (*s'il arrive*) *que je m'y plaise,* etc.

Telles sont les principales règles que nous offre la syntaxe française ; ces règles sont quelquefois violées en apparence dans certaines tournures particulières à notre langue ; examinons-les.

TROISIÈME PARTIE. — *Gallicismes.*

Je comprends sous ce titre, ainsi que je l'ai dit ci-dessus, certaines tournures propres à la langue française, et dont au premier coup-d'œil il paraît assez difficile de rendre raison par les règles syntaxiques ; on peut cependant les y ramener, et l'analyse nous montrera que presque toutes ces tournures ont été trouvées par une logique extrêmement fine, mais il nous faudra un léger travail pour chacune d'elles.

Je rangerai les gallicismes que j'examinerai sous des paragraphes indiqués par les numéros d'ordre : quant à l'ordre établi entre eux, il sera tout simple ; je suivrai celui que j'ai établi jusqu'à ce jour, traitant d'abord des noms, puis des adjectifs, puis des verbes.

I. Ce.

Le nom *ce* placé devant le verbe, *être*, et précédent le cas complétif des pronoms ou les substantifs, appelle plus particulièrement l'attention sur ces mots : ainsi *c'est moi, c'est toi, c'est lui, c'est nous, c'est vous, c'est eux* (1), *c'est des montagnes, ce sera des em-*

____

(1) Bossuet met presque toujours le verbe au singulier.

barras à n'en plus finir. Cette phrase a évidemment la même force que si l'on disait *ce* (la chose dont je parle) est précisément *moi, toi, nous, vous, eux,* et de même aux autres temps, *c'était moi, ce sera nous.*

Mais lorsque les pronoms de la troisième personne et les substantifs sont au pluriel, l'usage le plus général veut qu'on mette le verbe au pluriel, et qu'on dise : *ce sont eux, ce sont elles, ce sont des montagnes, c'étaient des fleuves, ce seront les circonstances qui en décideront,* etc. Dans ce cas, le verbe a l'air de ne plus s'accorder avec son sujet, mais seulement avec son complément ; il y a tout simplement une inversion ; c'est comme si l'on disait : *eux, des montagnes, des fleuves,* etc. *sont précisément ce* (la chose dont je parle).

La même forme s'emploie encore lorsqu'après le verbe *être* se trouve un nom précédé de l'article composé *des,* ou même de la préposition *de* et d'un adjectif : *ce sont des hommes instruits, ce sont de braves gens;* on doit de même entendre : *des hommes instruits, de braves gens sont ce* (dont je parle).

Quant à l'expression *des hommes, de braves gens,* voy. ci-dessous aux mots *de, du, de la, des.*

II. Gent, on, quiconque, quelque chose.

Le mot *gent* est essentiellement féminin : *la gent trotte-menu* (1), *bonnes gens, les vieilles gens;* mais comme ce mot, au pluriel surtout, rappelle des hommes, si l'adjectif le suit ou ne le précède pas immédiatement, on le met au masculin. Ex. *Rien de plus malheureux que les gens trop délicats; les vieilles gens sont soupçonneux; présentés par vous, toutes les gens seront bien accueillis chez moi.*

Gens, suivi d'une proposition et d'un nom qui le détermine comme ne représentant que des hommes, veut au masculin l'adjectif qui le précède immédiatement : *tous les gens de bien, tous les gens de lettre vous diront...* Il en est de même des *gens d'armes,* qu'on écrit maintenant *gendarme,* et que l'on fait masculins même au singulier *un gendarme,* et de *jeunes gens,* qui est toujours masculin et ne s'emploie qu'au pluriel : *bons jeunes gens.*

On voit dans ces exemples que le substantif étant féminin de sa nature, l'adjectif s'accorde non pas avec le mot lui-même, mais, si l'on peut le dire, avec son sens. Cette figure dont nous traiterons plus tard (2), et dont nous allons voir plusieurs exemples sous les paragraphes suivants, s'appelle *syllepse,* et l'on nomme *accords sylleptiques* ces concordances de l'attribut avec le sens et non avec la forme du mot déterminé.

On et *quiconque* sont généralement masculins : *on est heureux quand on sait se contenter de peu; quiconque est riche est tout; quiconque est savant,* etc.

Cependant si la disposition de la phrase était telle que ces mots ne pussent s'appliquer qu'à des femmes, il faudrait bien les faire

----

(1) La Fontaine, fables, *le chat et le vieux rat.*

(2) Voyez le Traité des figures, ou la Stylologie, deuxième division de la Grammaire.

féminin : *on n'est pas plus belle que cette femme-là;* et dans *le Misanthrope* Arsinoé répond à Célimène :

> A quoi qu'en reprenant *on soit assujétie*
> Je ne m'attendais pas à cette répartie (1).

On se trouve même déterminé par un qualificatif pluriel :

> Mais par l'effet d'un rare aveuglement
> Qui fait bien voir que, *quoiqu'on soit princesses,*
> On peut parfois causer des maladresses (2).

Quiconque prend son adjectif au féminin dans cette phrase citée par M. Boniface (p. 83) : *quiconque prend un mari doit s'attendre à lui être soumise;* et de même dans une classe de jeunes filles il faudrait dire : *quiconque sera paresseuse, ou babillarde, ou menteuse, sera sévèrement punie.*

Quelque chose est féminin par sa nature; aussi un poète (d'A-ceilly) n'a-t-il pas hésité à commencer une épigramme par ces mots : *dis-je quelque chose assez belle?* Mais parce que *quelque chose* indique tout être dans sa plus grande généralité, il est toujours du masculin, soit qu'il soit suivi de la préposition *de,* ou du *qui* conjonctif, ou qu'il soit accompagné d'un adjectif : *c'est quelque chose de beau; donnez-moi quelque chose qui soit bon, quelque chose que vous ayez fait, ce quelque chose sera blâmé de vos ennemis.*

Personne est naturellement féminin : *une seule personne, une jeune personne;* pris comme nom abstrait, *personne* devient masculin : *que personne ne soit assez hardi pour,* etc.; *vit-on jamais personne aussi savant?* il rappelle alors *aucun homme.*

Cependant, même dans son sens abstrait, il ne faudrait pas hésiter à le refaire du féminin si le sens l'exigeait; nous dirons donc à une femme : *personne n'est plus belle que vous,* et non pas *plus beau.* (Voy. Bonif., Gramm., p. 222.)

III. Beaucoup, combien, peu, moitié, plupart, chacun.

Nous venons de voir des syllepses dans le genre; en voici dans le nombre :

Beaucoup suivi ou non d'un complément veut le verbe au pluriel. Ex. *Beaucoup d'auteurs prétendent que l'Amérique et l'île Atlantide sont la même chose; beaucoup pensent au contraire que cette île n'a jamais existé (3).*

Combien, quand il est pris non dans son sens général et abstrait, mais pour *combien d'hommes* ou d'êtres qui se puissent compter, veut, de même que *beaucoup,* son verbe au pluriel. Ex. *Combien d'hommes courent après les honneurs!* et dans La Fontaine :

---

(1) Molière, *le Misanthrope,* act. III, sc. V.

(2) Richardet, poème, chant XI, p. 172.

(3) *Beaucoup,* à proprement parler, n'est singulier que par son étymologie *beau-coup;* il en est de même de *combien;* cependant ils ne sont pas pluriels dans ces phrases : *a-t-il beaucoup tué d'ennemis ? combien a-t-il abattu de perdrix ?* ou dans *le pourquoi et le combien:*

Belle leçon pour les gens chiches :
Pendant ces derniers temps *combien* en a-t-on *vus*
Qui du soir au matin sont pauvres devenus
Pour vouloir trop tôt être riches (1) !

Peu pris aussi dans le sens de *peu d'hommes*, surtout s'il est suivi de son complément pluriel, veut également son verbe au pluriel : *peu de vous, messieurs, voudront sacrifier leur plaisir au bien public.*

Moitié suivi d'un nom pluriel prend aussi le verbe au pluriel, ainsi que l'adjectif qui le suit : *la moitié de ses enfans sont morts, la moitié des maisons furent brûlées.*

Plupart suit la même règle : *la plupart des auteurs s'accordent à dire…. la plupart des expressions de ce livre sont tirées de Cicéron.*

Plupart suivi d'un complément au singulier prendrait le verbe au singulier. Ex. *La plupart du peuple ordonna…. la plupart du sénat fut d'avis que.*

Tant suivi d'un substantif au pluriel veut aussi son verbe au pluriel : *tant d'enfans naissent chaque année dans cette commune ; tant de mariages s'y font annuellement*, etc.

Ce que nous disons ici en particulier de ces mots abstraits s'appliquera de même à une grande partie des collectifs français, comme *une multitude, une foule, une quantité de gens sont morts cette année.* Il faut observer que ces tournures joignent à la syllepse du nombre celle du genre, car l'adjectif s'accorde toujours avec le nom pluriel qui suit le partitif : *quantité d'enfans sont morts cette année.* Le principe de cette syllepse est le même dans tous les cas.

Chacun donne lieu à une relation sylleptique du même genre ; en parlant de plusieurs personnes nous disons : *ils ont pris chacun son* ou *leur chapeau, et sont partis chacun de son* ou *de leur côté.* Il est clair que, quand on emploie *son*, on le fait rapporter à *chacun*, en tant qu'il est distributif, et que *leur* se rapporte au contraire à *chacun*, en tant qu'il est collectif ; ceci ne peut présenter de difficulté.

Rem. A la première et à la seconde personne, *chacun* exige nécessairement le possessif du pluriel : *nous avons pris chacun notre chapeau* et non *mon chapeau ; vous êtes partis chacun de votre côté*, et non *de ton côté.* La raison en est que les pronoms *je* et *tu*, et par conséquent les possessifs *mon* et *ton* sont exclusifs de toute autre personne que celle qui parle ou à qui l'on parle ; au lieu que *nous* et *vous* n'excluent personne, et peuvent très-bien convenir même aux troisièmes personnes du singulier qui semblent indiquées par *chacun* ; aussi peut-on dire alors : *nous avons pris chacun son chapeau ; vous êtes partis chacun de son côté ;* mais cette tournure est moins usitée.

IV. DE, DU, DE LA, DES.

Le nom commun indique en français l'être qu'il désigne dans sa plus grande généralité ; *pain* tout seul, par exemple, veut dire non la matière que nous appelons ainsi, soumise à une certaine forme, etc., mais une sorte de substance abstraite, générale et indéterminée qui aurait les qualités essentielles du pain.

___

(1) La Fontaine, fables, liv. V, f.

C'est dans ce sens que l'on dit : *panier à pain, se nourrir de pain, sans pain*, etc. ; toute la substance *pain* est comprise sous ces expressions ; on dit de même *pot à eau, se servir d'eau, aller par eau, notre navire fait eau*, etc. Dans tous ces exemples, *eau* est pris dans le sens le plus étendu ; il n'est pas question d'une eau plutôt que d'une autre ; c'est toute *eau* en général ; aussi n'y a-t-il pas d'article.

Au contraire, *le, la, les* devant un nom suppose l'objet parfaitement connu, soit qu'on en ait déjà parlé dans le discours, soit que la chose soit unique, ou réellement comme *le soleil, la lune*, ou par la généralité comme *l'eau, l'air, le feu*, ou par son excellence comme *le roi, la reine*.

De même, si nous voulons déterminer l'objet par la quantité seulement, nous avons les articles *un, quelque, aucun, plusieurs*, etc. : *apportez-moi un pain ; n'a-t-il pas quelque ami ?* mais ces articles ne peuvent se mettre que devant les objets qui se comptent : *l'eau, le feu*, toute matière dont on ne considère pas les différences individuelles, ne peuvent les recevoir ; on ne dira pas : *apportez-moi un feu, donnez-moi quelque eau, une viande ;* dans ce cas on considère ces objets comme entièrement déterminés, comme substance générale, *l'eau, le feu, la viande ;* et l'on dit en sous-entendant les mots *une partie : voulez-vous de l'eau, du feu, de la viande ?*

Par la même raison l'on dit : *donnez-moi du pain, apportez-moi de la bougie*, quoique le pain et la bougie puissent fort bien se compter ; mais ils se comptent comme individus, et, dans la demande ci-dessus, on veut seulement une portion indéterminée de la substance *pain*, de la substance *bougie* (1).

La même chose a lieu au pluriel : *il nous faut des hommes, des pains, des bougies*, indiquent d'une manière indéterminée plusieurs hommes, plusieurs pains, plusieurs bougies.

Il résulte de cette théorie qu'on doit parfaitement comprendre et analyser les phrases suivantes : *ce général manque de soldats, a des soldats, conduit toujours les soldats à la victoire ;* et de même : *je ne demande pas de pain, je ne demande pas du pain, je ne demande pas le pain, je ne demande pas un pain.*

Mais notre langue admet une exception remarquable : quand le substantif est précédé d'un adjectif, on ne met ordinairement que la préposition *de* et non l'article *le*. Ex. *Voici du pain blanc*, et *voici de beau pain* (2) ; *ce sont des gens de bien*, et *ce sont de braves gens, d'excellentes gens ; j'y ai vu des hommes savants, j'y ai vu de savants hommes.* Il n'y a pas de raison à donner de cette irrégularité si ce n'est que l'on a voulu représenter l'indétermination et la généralité de l'adjectif en tant qu'il s'applique à toutes les natures. Cela est d'autant plus vraisemblable que la règle ci-dessus n'a plus lieu quand un adjectif et son substantif sont si habituellement accolés l'un à l'autre, qu'ils font en quelque sorte un nom

(1) Cela est si vrai que *du pain, de la bougie* voudra dire plus ou moins, selon le nombre des personnes à nourrir ou à éclairer.

(2) On peut dire aussi dans un sens plus déterminé : *voici du beau pain ; ce sont des braves gens ;* mais l'autre expression vaut mieux.

composé. Ex. *Ce sont des jeunes gens*; donnez-moi *des petits pois*, et non *de jeunes gens*, *de petits pois*, comme on dirait *des plates-bandes*, *des bas-reliefs*.

Au reste ces différences sont très-délicates et difficiles à saisir ; il vaut mieux s'en tenir aux règles générales que nous avons données, et y ajouter celles-ci :

1° Après un nom partitif sans article, on n'emploie presque jamais que la préposition seule : *peu d'hommes, beaucoup de Français, quantité d'auteurs rapportent, il y convertit nombre d'infidèles, trop de savoir, assez d'autres sans vous*, etc.

2° Il en est souvent de même après un partitif précédé de l'article indéterminé *un : une multitude de Français, une grande quantité de blé, une nuée de sauterelles, une forme de gouvernement.*

3° Au contraire avec l'article *le* devant le premier mot, il faut presque toujours employer *du, de la, des : la majeure partie des Français, la plupart des Français veulent un gouvernement constitutionnel.*

4° Après une négation on emploie aussi la préposition sans article, parce que la négation exclut généralement tout ce qu'on nie. Ex. *Je n'ai pas d'argent, je ne veux pas de bruit chez moi.*

Il est facile de voir que, dans tous ces exemples, la raison de l'emploi de telle ou telle forme est la plus ou moins grande détermination de l'idée présentée par le complément.

V. QUE, conjonction et article.

La conjonction *que* est employée à tant d'usages en français, qu'il est impossible de les examiner tous ; 1° elle joint presque toutes les phrases dont l'une détermine l'autre ; 2° elle se place après un grand nombre de mots pour former avec eux des phrases conjonctives : *à moins que, afin que, pourvu que*, etc. (Voyez la Ptoscologie.)

3° Ces mots se retranchent souvent surtout dans le discours familier, de sorte que le sens de la conjonction paraît changer. Ex. *Je n'irai pas là que tout ne soit prêt*, c. à d. *à moins que tout ne soit prêt* (Acad.).

4° On retranche encore devant elle des phrases entières que l'habitude nous fait suppléer. Ex. *Il ne dit que des sottises*, c. à d. *rien autre chose que des sottises : qu'il fasse le moindre excès, il tombe malade*, c. à d. *s'il arrive qu'il fasse le moindre excès ; que ne partez-vous tout de suite ?* c. à d. *dites-moi ce qui fait que vous ne partez pas tout de suite ? Avant que de partir* (1), c. à d. *avant qu'il ne soit temps de partir.*

5° Après la tournure impersonnelle *c'est, c'était*, suivie de deux noms dont l'un est immédiat et l'autre sert à déterminer le nom *ce*, la conjonction ou plutôt le cas objectif de l'article *qui* est emphatique. Ex. *C'est une belle vertu que l'amour de la patrie*, c. à d. *ce (que je dis, savoir l'amour de la patrie) est une belle vertu ; c'est une grande imprudence que de se fier aux promesses d'un ennemi*, c. à d. *ce (que je dis, savoir de se fier aux promesses d'un ennemi) est une grande imprudence* (2).

(1) Cette expression, souvent employée autrefois, est remplacée presque toujours à présent par la tournure *avant de partir*, qui est plus rapide et plus rationnelle, puisque *avant* est un nom qui se joint très-bien avec un infinitif par la préposition *de*.

(2) Quand il y a un verbe et par conséquent la préposition *de*, on peut aussi ne pas exprimer le *que* : *c'est une grande imprudence de se fier aux promesses d'un ennemi*. Nous avons déjà analysé cette locution.

Que est quelquefois placé au commencement des phrases pour indiquer une liaison entre ce qui précède et ce qui va suivre. Ex. *Que si vous m'objectiez,* pour *j'ajoute à ce qui a été dit que si vous m'objectiez,* etc.

Que est quelquefois pris distributivement : *que bien, que mal,* pour *aussi mal que bien, aussi bien que mal* (1).

VI. Quelque.... que ; quel.... que ; tout.... que, etc.

La supposition générale de toutes les choses d'une même espèce, ou de toutes les modifications ou manières d'être de cette chose se rend en français par *quelque, quel* (2) suivis de *que* et du subjonctif. Ex. *Quelques droits que vous ayez,* c. à d. en supposant que vous ayez tous les droits possibles ; *quelque incontestables que soient vos droits,* c. à d. en supposant que vos droits soient aussi incontestables qu'il est possible.

Ces adjectifs doivent, dans tous les cas, s'accorder avec le mot auquel ils se rapportent. Ex. *Quels que soient vos droits, quelle que soit votre fortune, quelque amitié que vous ayez pour lui, quelques services qu'il vous ait rendus.*

Mais ici se présente une difficulté : comment distinguer *quel que* du mot unique *quelque ?* et celui-ci de son adverbe ? le moyen est facile : ces phrases supposent toujours la conjonction *que* exprimée une fois : retranchez-la, il vous restera l'adjectif que vous cherchez : ainsi dans *quels que soient vos droits,* retranchez *que,* il reste *quels,* adj. masc. plur. parce qu'il se rapporte à *droits : quelques droits que vous ayez,* retr. *que,* il reste *quelques,* adj. masc. plur. : par la même raison il serait au masculin singulier dans *quelque mérite qu'il se croie,* et à l'adverbe dans *quelque incroyable que ce fait puisse paraître* (3), et au féminin pluriel dans : *de quelques injustices qu'il ait eu à se plaindre.*

La supposition générale dont je viens de parler s'exprime encore par le mot *tout;* placé devant un adjectif ou un nom pris adjectivement (4), il devrait se mettre au genre adverbial (5), comme dans

(1) Cette tournure vient peut-être de l'ancienne phrase française : *qui prit son épée, qui sa lance, qui son arc et ses flèches,* où le *qui* remplace le *hic et ille* des latins. Dans ce sens, *que* pourrait être regardé comme étant simplement l'adverbe de *qui.*

(2) Cette supposition générale s'exprime encore 1° par le cas complétif de l'article *qui* suivi de *que* et du subjonctif : *qui que vous soyez, quoi que vous fassiez, où que vous alliez ;*

Où que soit Rosidor, il le suivra de près.

(Corneille, *Clitandre,* act. IV, sc. 8); *quand que cette fête ait lieu.* Ces dernières expressions *où que, quand que* sont aujourd'hui hors d'usage ; on les remplace par *en quelque lieu que, à quelque époque ou en quelque temps que ;* 2° par le conjonctif numéral *quant* et son composé *combien* suivis de *que : qui vous donront* (donneront), *quanque* (quant que, c. à d. autant que) *l'on peut donner* (Joinville, hist. de Saint-Louis, p. 146); *achetez ce cheval, combien qu'il coûte.* Ces tournures ont aussi vieilli ; 3° par la préposition *pour* suivie de *que* et du subjonctif.

Pour grands que soient les rois ils sont ce que nous sommes.

(Corneille, le *Cid,* act. I, sc. 6) ; 4° par l'adjectif *tout* suivi de l'indicatif ou du subjonctif, dont nous parlons dans ce chapitre. Toutes ces tournures, dont les deux premières sont seules fort usitées aujourd'hui, ne peuvent présenter aucune difficulté, excepté celles dont j'ai mis le nom en tête de ce chapitre.

(3) *Quelque incroyable,* pour *quelquement incroyable.*

(4) Comme dans être *tout yeux, tout oreilles, cet homme tout votre ami qu'il veut paraître.*

(5) N'oublions pas que nous avons vu dans la Ptoséologie que dans *tout, même* et *quelque,* la forme adverbiale en *ment* était remplacée par la forme du singulier masculin. (Voy. ch. II, liste des articles, p. 22.)

mes amis tout aimables qu'il sont, la campagne tout agréable qu'elle est, etc. Mais l'usage, et c'est un fait dont il est difficile de rendre raison, veut que devant les adjectifs féminins, qui commencent par une consonne, on fasse accorder *tout* avec le nom auquel se rapporte l'adjectif qui le suit. Ex. *Toute belle que vous êtes, toutes puissantes que soient vos paroles, je doute que vous en obteniez rien.* On écrira au contraire *tout aimable qu'elle est, toute indifférente qu'elle soit* (1).

Rem. On voit par ces derniers exemples qu'on peut avec *tout* employer également l'indicatif et le subjonctif.

VII. Laisser.

J'ai montré comment nos verbes formaient des temps et des voix nouvelles par la réunion de plusieurs mots ; la place de ces tournures eût pu être marquée dans ce chapitre des *gallicismes* ; car il est très-vrai que ces formes *j'ai frappé* pour indiquer un passé indéterminé, *je viens de frapper* pour indiquer un passé prochain, *je dois frapper* pour le futur indéterminé, et *je vais frapper* pour le futur prochain, peuvent être considérées comme des manières de dire tout-à-fait particulières à la langue française.

Il en est de même de la voix interne et de la voix activante. Les phrases *il s'est mal à propos frappé de terreur, il a fait frapper une médaille,* traduites mot à mot dans plusieurs langues, donneraient des non-sens, des barbarismes.

Nous concevons cependant très-bien comment ces mots, employés dans le sens métaphorique admis par nos habitudes, se combinent pour exprimer le sens que nous leur donnons.

Il en est de même du mot *laisser* qui, placé devant un verbe, y introduit pour ainsi dire une nouvelle voix ; car nous disons : *laisser faire, laisser passer ; ne laissez pas venir vos enfans chez moi ; je les laisserais s'amuser, s'ils me laissaient travailler ; mais je crains que leur bruit ne me laisse pas ouvrir un livre ;* toujours avec le sens de *permettre,* de *ne pas s'opposer.*

Rem. Ces expressions doivent paraître bien obscures à ceux qui croyent que le mot *laisser* indique *abandon, éloignement, séparation.* Ce n'est pas là son véritable sens : *laisser* n'est qu'une forme de *lâcher* (2) ; il indique qu'on ne retient plus, qu'on n'empêche pas. Tous les autres sens quoique plus ou moins éloignés rentrent dans ceux-là : *je l'ai laissé là,* c. à d. *je l'ai lâché,* ou *ne l'ai plus retenu,* par conséquent *je suis parti ; j'ai laissé mon livre chez vous,* c. à d. *que je l'ai lâché* ou *que j'ai cessé de le tenir.*

Cela étant rien de plus clair que ces expressions : *laisser faire,* c. à d.

---

(1) Il est bien entendu que cette règle n'aurait aucunement lieu si *tout* était pris dans son sens collectif et distributif : *ces femmes sont toutes aimables,* c. à d. *toutes ces femmes sont aimables.* Il n'y a dans cette phrase qu'une inversion.

(2) Tous les deux viennent du latin *laxare,* élargir, étendre ; ils ont donc le même sens que *permettre* qui signifie étymologiquement *envoyer,* et par conséquent *ne pas retenir,* et encore que le mot *quitter* qui, venu du latin *quietus,* veut dire *laisser tranquille ;* ainsi : *je l'ai laissé,* ou *je l'ai lâché,* c. à d. *que je ne l'ai plus retenu ; je l'ai quitté,* c. à d. *que je ne l'ai plus embarrassé de ma présence ; j'ai permis cette affaire,* c. à d. *que j'ai donné toute liberté de la finir.* L'ignorance des étymologies fait souvent regarder comme extraordinaires ou inexplicables les tournures qui sont le plus dans le génie de la langue française.

n'empêcher pas le faire; les écoliers se plaignent qu'on ne les laisse pas jouer, c. à d. qu'on les retient, ou qu'on les empêche de jouer (1).

Sous la forme négative le verbe *laisser* donne encore lieu à une formule singulière au premier coup-d'œil : *cette histoire ne laisse pas d'être instructive,* c. à d. *qu'elle retient ceci,* savoir *d'être instructive; il est pauvre, mais il ne laisse pas d'être honnête homme,* c. à d. *qu'il ne lâche pas, ou qu'il retient ceci,* savoir *d'être honnête homme.*

VIII. IMPERSONNELS.

Nous avons en français plusieurs expressions où le verbe n'entre qu'à la troisième personne, et parce que le sujet est tellement indéterminé que souvent on ne saurait assigner quel il est, ces verbes, qu'on aurait dû appeler *unipersonnels,* ont été nommés le plus souvent *impersonnels.*

En voici quelques exemples : nous disons en parlant d'une forte pluie : *cela tombe;* en parlant d'une odeur, *cela pue, cela sent bon, cela sent le relent;* en parlant d'un bien éventuel, *cela viendra;* en parlant d'une action, *c'est admirable, c'est affreux.* Dans tous ces exemples, le sujet *ce* ou *cela,* sans présenter à l'esprit l'idée distincte d'un être déterminé, l'indique néanmoins en tant qu'il peut être montré comme l'objet spécial de notre jugement : quand nous disons *cela pue,* nous ne doutons pas qu'il n'y ait quelque chose qui pue, et qui pourra être déterminé.

Il y a au contraire des verbes qui rejettent absolument devant eux tout sujet déterminé; tels sont les verbes *pleuvoir, neiger, grésiller, tonner,* etc., qui, employés pour désigner certains phénomènes météoriques, ne permettent pas de dire *cela pleut, cela neige, cela tonne,* etc., mais exigent : *il neige, il pleut, il grésille,* etc.; de même pour certaines conceptions de notre esprit : *il faut, il conste, il convient, il importe, il arrive,* ou en plusieurs mots, *il est juste, il devient nécessaire, il fait chaud, il tombe du brouillard,* etc.

Rem. Ce sont proprement ces verbes précédés du pronom *il* qu'on a nommés *impersonnels* (2). Il est vrai que ce pronom représente partout une seule et même vue de notre esprit, savoir qu'en mettant à la troisième personne l'être inconnu dont nous portons le jugement indiqué par le verbe, nous n'énonçons que ce que nous en savons actuellement, savoir que c'est de lui que nous parlons. C'est donc ce que nous pouvons représenter de plus indéterminé, et ce qui peut seul convenir à l'expression de notre idée ; car nous ne pouvons pas dire *cela pleut, cela gèle, cela faut,* puisque nous n'admettons pas qu'il puisse exister un objet *qui pleuve, qui gèle, qui faille.*

Il en est de même, par la même raison, des verbes suivis d'adjectifs et pris impersonnellement, comme *il fait chaud, il tombe du brouillard, il est manifeste;* il n'y a pas d'être qui *fasse chaud, qui tombe du brouillard, qui soit manifeste.*

IX. IL EST, IL Y A.

Entre les impersonnels, on doit remarquer les verbes *être* et

(1) Dans quelques provinces, à Dieppe par exemple, on emploie *quitter* dans le sens de *laisser :* *voulez-vous le quitter sortir,* pour *le laisser sortir ?*

(2) On conclura peut-être de là que le nom d'*impersonnel* est plus profondément philosophique que celui d'*unipersonnel* qu'on a voulu lui substituer dans ces derniers temps : *cela sent mauvais* est unipersonnel; *il pleut,* impersonnel.

avoir qui s'emploient dans des locutions tout-à-fait particulières à la langue française.

L'impersonnel *il est*, *il était* se détermine presque toujours à la manière des substantifs par la préposition *de* suivie d'un infinitif : *il est doux et glorieux de mourir pour sa patrie* (1); la construction analytique est, comme nous l'avons vu, *il* (de mourir pour sa patrie) *est doux et glorieux*.

L'impersonnel *il est*, *il était*, etc. ne se détermine pas seulement par des adjectifs, mais aussi par des substantifs soit au singulier soit au pluriel. Ex. *Il est un fait bien certain*, *il est des gens bien peu délicats;* l'analyse en est absolument la même : *il* (un fait bien certain) *est; il* (des gens bien peu délicats) *est*, etc. (2).

Nous disons encore : *il y a des gens bien peu délicats, il y a des gens bien méchants*. Cette expression, plus usitée encore que la précédente, lui est, quant au sens, exactement équivalente ; en effet elle s'analyse ainsi : *il*, l'être inconnu, celui dont nous n'avons aucune idée, si ce n'est que nous en parlons, *a ou possède des gens peu délicats* : mais par cela seul que *il* les possède, ces gens sont ou existent en tant que possédés, et parce que *il* ne représente aucun individu réel, la possession s'anéantit, et il ne reste à ces gens que l'existence ; cette existence à son tour est déterminée par le mot *y;* mais ce mot *y* ne détermine réellement rien ; car il n'a pas d'autre sens que le nom *ce* dont il est un cas : or ce nom n'a de signification déterminée que quand on l'applique à une idée précédemment énoncée, ce qui n'a pas lieu ici ; l'existence est donc la seule idée qui ressorte de notre phrase *il y a des gens*, etc., et par conséquent elle équivaut à *il est des gens*, etc. (3).

Les formes négatives *il n'est pas d'homme parfaitement heureux*, *il n'y a pas de bonheur parfait sur la terre*, n'offrent à l'analyse aucune difficulté.

Quant à cette tournure toute française : *il n'est pas jusqu'aux valets qui ne s'en mêlent; il n'y a pas jusqu'à cet enfant qui ne se soit moqué de lui*, etc., il est trop évident qu'il n'y a pas ici une inversion, et que la construction directe est celle-ci : *il n'est pas* (d'hommes) *qui ne s'en mêlent, jusqu'aux valets; il n'y a* (personne) *qui ne se soit moqué de lui, jusqu'à cet enfant*.

X. Il fait, il tombe, il sort, etc.

Comme notre langue impersonnalise *l'existence* et la *possession*, c'est-à-dire les sens verbaux dont elle fait le plus grand usage, elle impersonnalise aussi *l'action* à l'aide du verbe *faire*, et toutes les fois qu'elle aperçoit un effet dont la cause lui échappe, le pronom *il* se présente aussitôt comme représentant cette cause, et le verbe *faire* se joint à lui pour indiquer son effet. Dans ce sens on dit :

---

(1) C'est la tournure latine

Dulce et decorum est pro patriâ mori.

(Hor. odes III, 3); mais la construction analytique n'est pas la même dans les deux langues. En latin, où il n'y a pas le pronom *il*, le verbe est sujet : *mori decorum est;* en français, il est complément.

(2) Nous dirions de même : *il existe des êtres bien dégradés*.

(3) Notre tournure *il y a* équivaut exactement au *there is* (là est) des Anglais : *there is no question*, il n'y a pas de doute ; le *there*, comme le *y* des Français, ne déterminant absolument rien, puisqu'il ne se rapporte à aucun nom précédemment exprimé.

il fait un brouillard, une brume épaisse ; il faisait du verglas ; quand il fera moins de crotte ; il a fait ce matin un grand coup de vent ; quel temps fait-il ? il fait beau temps ; ou en sous-entendant le mot *temps, il fait beau, il fait sec, il fait humide ; je ne sais s'il fera toujours froid ; je voudrais bien qu'il fît plus chaud.*

Et de même, sans parler du temps : *il fait cher vivre en cet endroit, il y fait bon ; il vous fait beau voir dans cet accoutrement,* etc.

Par la même analogie, on a dit en employant d'autres verbes : *il sort de cette chambre une odeur fétide ; il monte des vapeurs ; il tombe de la pluie, du givre, de la rosée ;* et même, *il pleut des pierres, il pleut des soufflets, Figaro* (1) ; et dans toutes ces phrases ces verbes se construisent comme le verbe *faire* dont ils tiennent là place, en ce sens qu'ils indiquent comme lui un effet seulement un peu mieux déterminé qu'il ne le ferait lui-même.

XI. IMPERSONNELS PRONOMINÉS.

Quelquefois le pronom direct *il* est suivi du réfléchi *se : il se fait, comment se fait-il, il s'ensuit que* (2), *il s'élève de tous côtés des plaintes contre vous.*

Ces tournures (3) s'expliquent facilement. Il faut observer que, pour donner plus de rapidité à la phrase (4), nous exprimons souvent par la voix pronominée ce qui, en rigueur, devrait être rendu par la voix inverse : *la révolution de juillet s'est faite en trois jours,* c. à d. *a été faite.*

De là même manière, *il se fait, il se faisait que* signifie tout simplement *il est fait, il était fait que,* etc., c. à d. *il arrive* ou *il arrivait que : comment se fait-il* (5) *que vous soyez encore ici,* c. à d. *comment est-il fait* ou *comment arrive-t-il que vous soyez encore ici ?*

Nous disons aussi : *il se peut, comment se peut-il ?* il est clair que le verbe *faire* est sous-entendu : *comment se peut-il faire ?*

Il s'élève des brouillards, il s'échappe de temps en temps des flammes, il se trouve des gens qui..., il s'est rencontré un homme ;

____

(1) Beaumarchais, *Mariage de Figaro,* act. V. sc. 8.

(2) On disait autrefois *il ensuit,* voy. Amyot, p. 5.

(3) J'ai fait voir, dans mes *observations sur les conjugaisons françaises,* p. 20 (1824, Renouard), combien elles étaient communes en italien et en espagnol ; je citais cette phrase de Bentivoglio : *Là si pecca nella troppa lentezza, è qui s'eccede nel troppo ardore ; è si vede in somma l'istessa contrarietà, quasi in ogni altra cosa ;* et celle-ci d'Antonio de Solis : *Al mismo tiempo se andaba disponiendo en las Indias occidentales su mayor prosperidad, con el descubrimiento de otra nueva España, en que no solo se dilatasen sus términos, sino se renovase y duplicase su nombre,* etc.

(4) Il est clair que cette plus grande rapidité tient à l'activité même que suppose la voix pronominée ; notre exemple semble dire que c'est *la révolution qui s'est faite elle-même,* et par conséquent qu'elle a été active ; au contraire elle est passive si l'on dit qu'*elle a été faite.*

(5) C'est justement le *qui fit* d'Horace dans ces vers (Hor. satyr. I) :

> *Qui fit, Mæcenas, ut nemo, quam sibi sortem*
> *Seu ratio dederit, seu fors objecerit, illâ*
> *Contentus vivat ;*

Comment se fait-il, Mécène, que personne ne soit content de son état ? comment se fait-il, en latin, comment est-il fait ; ou comment arrive-t-il ?

toutes ces tournures, plus ou moins propres à peindre l'indétermination, sont maintenant expliquées par les exemples précédents.

Quelquefois avec le pronom se trouvent les noms *y* et *en : il s'y fait, il s'y trouve, il s'en échappe des vapeurs*, et de même, *il s'en va temps;*

> Il s'en va temps que je reprenne
> Un peu de forces et d'haleine (1).

On dit encore *il s'en faut, il s'en faut de beaucoup, tant s'en faut*, expressions inintelligibles pour ceux qui donnent au verbe *falloir* le sens de *être nécessaire. Falloir* n'est qu'une modification de *faillir;* il signifie *manquer*, et de là lui vient son sens ordinaire; car nous regardons comme nous étant nécessaire ce qui nous manque actuellement. *Il s'en faut* veut donc dire *il s'en manque* ou *il se manque de cela; tant s'en faut, il se manque de cela tant*, etc., expressions qui ne seraient pas correctes en français, mais qui expriment parfaitement, ce me semble, la valeur de nos exemples.

CONCLUSION.

Comme je l'avais annoncé dès le premier chapitre de cette Grammaire, j'ai réuni, dans un ordre rigoureux, si je ne me trompe, plus complètement que ne l'ont fait la plupart des grammairiens, toute la théorie de la langue française; j'ai cherché à rendre compte de tout, suivant la méthode géométrique. Si j'ai laissé échapper quelque question importante, ce qui est plus que probable, il sera facile de la suppléer et de la remettre à sa place; car l'ordre des matières y est tellement rigoureux, qu'il n'est pas possible de s'y tromper.

Cette Grammaire demande au reste, pour être enseignée, un maître qui se soit profondément occupé de la langue française, non-seulement dans son état actuel, mais dans son état antérieur, et dans son origine même; il faut de plus qu'il soit exercé à cette métaphysique subtile que nous retrouvons sans cesse dans l'examen des diverses langues, et qui est notre guide le plus sûr dans leur théorie.

Il faut enfin qu'il puisse sur toutes les questions improviser, ou au moins préparer des exemples nombreux, de manière à les faire analyser aux enfants; que, dans ces analyses, il les fasse parler et écrire beaucoup; qu'il leur fasse des objections, et les habitue à y répondre avec netteté et précision.

Je serai bien trompé si, en remplissant toutes ces conditions, nous n'obtenons pas des élèves des progrès rapides et assurés.

______

(1) La Fontaine, épilogue du sixième livre des fables.

TABLE ALPHABÉTIQUE

DES MATIERES

CONTENUES DANS CETTE GRAMMAIRE.

NOTA. Les chiffres indiquent les pages ; les petites capitales, les auteurs ou les ouvrages cités ; les italiques, quelques mots expliqués particulièrement dans l'ouvrage ; les lettres romaines, les sujets qui y sont traités ; le tiret (—) fera sous-entendre le mot placé en tête de l'alinéa ; les mots placés entre parenthèses après lui sont ceux qu'il faut dans la lecture reporter avant le mot qu'il représente.